나는 나답게 살기로 했다

나는 나답게 살기로 했다

손힘찬(오가타 마리토) 지음

STUDIO:ODR

프롤로그

최근 들어 가장 충격적인 발견은 내가 생각보다 수동적인 사람이라는 점이었다. 대학생 때는 책을 쓰겠다는 꿈을 위해 2년 간의 휴학을 망설이지 않았고, 스카우트되어 입사한 첫 직장을 10개월 만에 박차고 나와 편의점 야간 아르바이트하며 글을 썼다. 꿈을 이루기 위해 거침없이 달려왔던 그간의 시간을 생각하면 나라는 인간이 수동적이라는 사실을 선뜻 받아들이기 어려웠다. 생각해보면 나의 라이프스타일과 삶의 균형이 조화롭지 못했다는 점이 수동성을 키우는 데 큰 영향을 미쳤다. 어쩌면 어린 시절의 상처를 보상하기 위해 부단히도 애쓴 게 아닌지 돌아보게 됐다.

나는 이 책을 쓰기에 앞서 나의 트라우마를 해소하고 과거의 이야기를 정리했다. 무엇보다 자신을 사랑하는 법에 대해 끊임없이 생각했다. 이 답을 말하려면 먼저 사랑이 뭔지 얘기할 수 있어야 했다. 사랑이라는 단어에는 수많은 의미가 들어 있어 섣불리 정의 내리기 어렵다. 특히 사랑은 혼자서 하는 것이 아니기 때문에 뭐라 말하기가 더욱 힘들다. 내가 본격적으로 코칭의 세계에 들어올 수 있도록 도와준 코치가 있다. 그와 상호 코칭하면서 사랑에 관해 여러 대화를 주고받았고 그 과정에서 사랑이 무엇인지 곰곰이 생각하게 됐다. 그는 사랑을 정의 내리기 어려운 이유가 사랑의 형태가 제각각이라 그렇다고 했다. 부모와 자식 간의 사랑, 이성끼리의 사랑, 스승과 제자 간의 사랑, 친구 간의 사랑, 부부의 사랑이 대표적인 예다.

그런 이야기를 주고받고 나서야 나는 비로소 이 책의 빈 퍼즐을 채울 수 있었다. 사랑 받아본 경험, 즉 내가 인정받고 존중받고 배려받은 경험이 스스로를 사랑할 수 있는 핵심이라는 것이다. 나의 이야기나 사례들을 보면 그 과정들이 고스란히 녹아 있다. 그렇기 때문에 나는 스스로 그럭저럭 괜찮은 사람이라고, 스스로를 사랑해도 된다고 자신에게 진심으로 말할 수 있게 된 것이 아닐까.

사회적 명예와 성공, 벌어들이는 수익, 돈 같은 것들은 숫자로 정확히 측정할 수 있다. 그렇지만 사랑과 행복은 굉장히 추상적이라 뜬구름 잡는 이야기가 될 수 있다. 하지만 그것은 동시에 나의 전부다. 그런 면에서 내가 수동적인 사람이었다는 발견은 굉장히 놀라우면서도 흥미롭다. 원인은 역시 내가 받은 상처나 트라우마에 있었다. 그렇기 때문에 나의 방어기제는 더 이상 상처 받지 않기 위해 회피하고, 체념하고, 주어진 것에 만족하기 위해 합리화하는 모습들이 나온 것이다.

꿈을 향해 나아가는 길도 그랬다. 작가의 길은 정해진 도착 지점, 약속된 미래가 분명하지 않기 때문에 누군가는 불안정하다고 할 수 있다. 그렇기 때문에 나는 글을 쓰는 것을 아무에게 말하지 못했다. 조용히 고집한 이 길을 흔들리지 않고 걸어갈 수 있던 이유는 지금 생각해보면 이것이 나를 나답게 만들어준다는 믿음이 마음 깊은 곳에 깔려 있었기 때문이다.

그래서, 나는 나답게 살기로 했다.

3년 전부터 마음속에 늘 떠다니던 이 문장은 결국 내게 하는 이야기이기도 하다. 행복, 사랑은 내가 나답게 살아갈 때 비로소 완성된다. 행복과 사랑이 충만한 상태에서 무언가를 선택하는 것과 억압과 강요로 불안정한 상황에서 무언가를 선택하는 것은 그야말로 천지 차이다. 쉬운 예로 부모가 제시하는 진로와 본인이 원해서

가는 진로는 그 삶의 질부터가 다르다.

　　나는 주변 사람과 부모님을 존경하고 존중한다. 그리고 내 꿈도 존중한다. 이 책을 펼친 당신에게 묻고 싶다. 당신은 지금 자유로운가. 정녕 나답게 살고 있는가. 당장 대답할 수 없더라도, 시간이 갈수록 도화지 위에 그려놓은 그림들이 현실이 되길 진심으로 바란다. 그리고 그 여정에 이 책이 조금이나마 도움이 되었으면 좋겠다.

차례

3장 단절됐던 세상과 다시 연결되어라

내가 어떤 사람인지 고민하고 알아가는 일은 반드시 필요하지만 그렇다고 해서 내 모습을 한 가지로 규정해둘 필요는 없다. 나답다는 틀에 나를 가둬놓고 그것을 벗어나면 나답지 않았다고 자책하지 않아야 한다. 내가 편안함을 느끼는 순간, 다소 불편하지만 상황에 맞게 나를 포장하는 순간, 상대에 따라 새로운 나를 보여주는 순간 등 모든 순간의 내 모습 역시 나이기 때문이다. 여러 모습의 나, 그것이 모두 나임을 인정하는 일이 나답게 사는 길로 향하는 첫걸음이 될 것이다.

●

나다운 것이 주는 위안

내가 아닌
나는 없다

전작인『오늘은 이만 좀 쉴게요』를 출간하고 독자들과 대화를 나누는 행사에 참석한 적이 있었다. 강연이 아니라 마음이 편안했다. 행사 장소에 가보니 나를 만나러 먼 길을 마다 않고 오신 분도 계셨고, 내가 SNS에서 달아드린 댓글이나 온라인 메신저로 건넨 몇 마디 말까지 기억하는 분도 계셨다. 온라인으로 소통해오던 독자분들을 실제로 만난 그 자리는 내게 무척 소중하고 뜻깊었다. 행사를 잘 마무리하고 그날 촬영을 도와준 친한 형과 뒤풀이 겸 식사를 하러 고깃집에 갔다. 고기를 먹으며 얘기를 나누던 도중에 형이 말했다.

"그런데 힘찬아, 너 너무 많이 웃더라. 좀 자제해야겠어."

"네? 오늘은 딱딱한 분위기가 아니기도 했고 친근한 인상을 주고 싶어서 그랬는데요?"

"그래도 사람들은 너를 처음 보잖아. 너무 가벼워 보였을 수 있어. 사람들은 네게 작가로서 분명히 기대한 모습이 있었을 거라고."

　처음에는 형의 말이 이해가 가지 않았다. 나는 그 자리에서 독자들에게 솔직하게 다가가고 싶었고, 그 마음이 통하길 바랐다. 경직된 분위기가 싫어서 유머러스하고 재밌게 이야기하려 했다. 그런데 그런 모습이 과하게 보였을 줄이야. 곰곰이 생각해보니 형의 말도 일리가 있었다. 그 자리에서 나를 처음 본 사람은 그런 모습만을 나로 생각할 게 분명했다.

　그렇다면 사람들 앞에서는 어떤 모습을 보여야 하는 걸까. 며칠 동안 진지하게 고민해보았다. 반전 매력으로 보이고 싶은 마음에 평소 모습과 다른 면을 보여주면 다른 사람들은 그런 모습이 내 보통 성격이라 생각할 수도 있겠구나 싶었다. 그때부터였다. 있는 그대로의 편안한 모습이나 친구들과 함께 있을 때의 솔직한 모습, 평소의 나와는 완전히 다른 모습 등 극단적으로 나를 보여주는 것과는 다른 방식으로 나를 드러내야겠다고 생각한 시점 말이다. 글을 써서 사람들과 소통하는 작가 혹은 개인으로서 나는 어떤 모습으로 사람들 앞에 나서야 할까.

　'멀티 페르소나'는 다중적 자아라는 의미로, 상황에 따라 다양한 정체성을 드러내는 것을 말한다. 그렇다면 나의 멀티 페르소나는 몇 가지이고 어떤 모습이어야 할까. 다른 사람들 역시 분명 나처럼 자신의 정체성에 관해 고민이 많을 것이다. 집 안에서는 밝고 당당한 모습이지만 밖에서는 어둡고 주눅 들어 있는 사람, 주변 동료들 앞에서는 에너지가 넘치지만 혼자 있을 땐 무기력하고 지쳐 있는 사람 등 저마다 가면을 쓰고 살아가는 우리는 평소에는 그런 자신의 모습을 미처 깨닫지 못하고 일일이 신경 쓰지도 않는다.

프롤로그에서도 말했다시피 나는 항상 스스로를 주도적이고 능동적이라 생각하며 살아왔는데 나이를 먹어갈수록 내가 생각보다 수동적인 사람이라는 사실에 놀랄 때가 많다. 간단한 예로 나를 좋다고 하는 사람을 거절하지 못해 교제로까지 이어지는 일이 없지 않았고, 이십 대 초반까지는 이렇다 할 취미도 없어 사람들을 적극적으로 만나지도 않았다. 그저 주어진 환경에서 열심히 살면 그걸로 충분하다고 믿어왔는데 그런 태도는 결코 삶의 질을 높여주지 않았다. 이런 사실을 나중에야 깨달았다.

그렇기에 내가 어떤 사람인지 고민하는 일은 반드시 필요하다. 또한 내 모습을 한 가지로 규정해둘 필요도 없다. 어떤 상황에서 나답지 않았다고 자책할 필요도 없다. 내가 편안함을 느끼는 순간, 다소 불편하지만 상황에 맞게 나를 포장하는 순간, 상대에 따라 새로운 나를 보여주는 순간 등 모든 순간의 내 모습 역시 나이기 때문이다. 여러 모습의 나, 그것이 모두 나임을 인정하는 일이 나답게 사는 길로 향하는 첫걸음이 될 것이다.

적당한 거리가
지켜주는 것

누구라도 떠나버릴 것 같았다. 내가 솔직하게 말한다면 말이다. 하지만 속마음을 털어놓고 이야기해야 한다는 것쯤은 알고 있었다. 정말 친한 친구라면, 같이 있을 때 편안한 사이라면 더더욱. 그럼에도 내가 솔직하게 말하면 상대가 상처 받진 않을까 두려웠다. 그 상처 때문에 상대가 등을 돌리면 나는 혼자였던 예전의 나로 돌아갈 테니까.

요즘에는 자신의 편안함을 위해 이기적으로 사는 게 현명하다 말하지만, 나는 그냥 내가 참는 편이 편하다. 상처 입히는 사람이 될지, 상처 받는 사람이 될지 선택하라고 하면 후자가 낫다.

이야기를 주고받는 것, 대화의 중요성을 모르는 사람은 없다.

그런데도 대화를 잘 하지 않는 이들은 필요성을 느끼지 못하거나 내면에 두려움이 자리해 있기 때문이다. 전자의 경우라면 상대와의 관계에 문제가 있어 다른 식의 해결 방법이 필요하므로 여기서는 후자인 내면의 두려움에 관해 얘기해보려 한다.

두려워하는 마음은 왜 생길까. 이전에 실패했던 경험들이 쌓여 불안감을 키우기 때문이다. 누구나 언제든 실패할 수 있다는 교훈을 머리로는 잘 알고 있지만 제3자의 입장이 아니라면 그런 객관적인 시선을 갖기 어렵다. 게다가 막상 본인의 일이 되면 견디지 못하는 경우가 많다. 남의 연애는 사실만을 나열하면서 논리 정연하게 말할 수 있는 반면 자신의 연애는 생각처럼 되지 않는 것처럼 말이다. 하지만 우리는 늘 잊지 말아야 한다. 기억에 대한 경험은 얼마든지 다르게 해석될 수 있으며, 적당한 긴장감은 되레 건강한 관계를 만드는 수단이 될 수 있음을. 긴장감과 거리감은 관계의 익숙함에서 비롯되는 무례함을 방지할 수 있는 브레이크 역할을 해준다. 그러므로 가까운 사이라 할지라도 늘 말을 조심해야 하며, 감정을 분명히 드러내 전달해야 하는 건 당연하다. 어떤 관계에서든 적당한 거리를 지킬 줄 알아야 상대와 가까워질 수도 있고 필요할 때 멀어질 수도 있는 법이다.

영국의 동물학자 데즈먼드 모리스는 "사람들은 따뜻한 접촉에 굶주려 있다"라고 말했다. 누구나 독립된 공간을 필요로 하고 그 공간에 아무나 들이고 싶어 하지 않는다. 그와 동시에 내 영역 안에 있는 사람은 더 가까이 초대하고 싶은 심리가 있다. 빡빡한 하루 일과가 끝나고 사랑하는 사람과 저녁 식사를 하며 피로를 풀거나 하다못해 전화 통화로 따뜻한 말 한마디라도 나누는 것처럼. 자신에게 쉼과 같은 사람들 앞에서는 가면을 내려놓아도 된다. 그래야 세상을 살아갈 힘을 다시 마련할 수 있고 적절한 상황에서 거리 두기가 가능하다.

고요할수록
밝게 빛나다

"회사를 그만두어야 할지, 계속 다녀야 할지 고민입니다. 더 배우고 경험해 능력을 키우고 싶은데 이 일이 내게 맞는 건지 확신이 들지 않아요."

"무슨 일을 하더라도 최선을 다했어요. 사람들에게 그저 인정받고 싶었던 것 같아요. 이 단순한 사실을 알기까지 오래 걸렸고, 알고 나니 이제는 어떻게 하면 좋을지 모르겠어요. 꼭 길 잃은 어린아이가 된 기분이에요."

전문가도 아닌 내게 고민을 털어놓는 사람들이 제법 있다. 고민의 종류는 다양하다. '너무 외롭다', '나를 필요로 하는 곳이 없는 것 같다', '살아갈 이유를 모르겠다' 등등. 정답은 다 다르겠지만 개개인의 정체성과 관련된 문제라는 사실만은 공통적이다. 우리는 좋든 싫든 크고 작은 집단에 소속되어 있는 개인이다. 그러므로 인간관계로부터 완전히 자유로울 수 없다. 요즘 시대에는 배가 고파서 힘들다는 사람은 보기 어려워도 친구가 없어서 힘들다는 사람은 쉽게 볼 수 있다. 연인과 헤어져 죽을 것 같이 슬프다고 하는 이들도 많다. 이렇듯 관계에서 오는 상실감과 공허감은 시대가 바뀌면서 점점 더 사회적 문제가 되어가는 중이다. 먹고사는 일에만 몰두해 대인관계의 허무함을 채우지 못한 사람들의 마음은 점차 침울해지고 피폐해져 간다.

그러한 허전함 때문일까. 우리는 휴대전화나 태블릿을 손에서 놓지 않은 채 끊임없이 다른 사람의 삶을 엿보고 내 삶을 전시한다. 일정을 끝내고 집에 돌아와 혼자 있는 시간에도 타인과 연결되어 있는 끈을 놓지 않는 셈이다. 외로움이나 고립감은 달래질지 모르지만 그 탓에 피로가 사라질 틈이 없고 소위 말하는 감정 소모에서 벗어나기도 힘들다. 이를 해결하기 위해서는 혼자만의 시간이 필요하다. 인간관계에 집착하지 않고 나 자신에게 집중하는 시간. 그런 시간을 확보해야 비로소 진짜 외로움이라는 감정을 대면하고 이를 치유할 수 있다. 그리고 여기서 더 나아가면 고독을 즐길 수 있게 된다. 나를 더 깊게 읽는 시간, 어지러운 마음을 정돈하는 시간이다. 혼자 지내는 것이 꼭 부정적인 감정과 쓸쓸함을 동반하지는 않는다. 혼자 느긋하게 산책하거나 책을 읽는 등 미뤄두었던 여가를 즐기면 기분이 한결 나아진다. 그리고 그렇게 혼자의 시간이 충만해야 타인과의 관계 맺기도 바람직하게 이루어진다.

혼자 있을 때 무엇을 해야 할지 모르겠다면 할 수 있는 일에 집중하는 연습을 하면 좋다. 뭘 하든 시간을 낭비한다는 죄책감을 갖지만 않으면 된다. 해보는 거다. 관계의 굴레에서 벗어나는 건 불가능하지만 통제는 할 줄 알아야 하지 않겠는가. 영어 단어 중에서 'Lonely'는 '쓸쓸한', '외로운'을 나타내지만 'alone'은 '단독으로', '혼자의 힘으로'라는 의미를 지닌다. 같은 '혼자'라도 그 뜻이 다른 셈이다. 독립된 시간을 외롭고 쓸쓸한 시간으로만 생각하지 말자. 오히려 내 마음과 내 할 일에 집중해보자.

내가 좋아하는 문장에도 답이 숨어 있다.
'고요할수록 밝아지는 것들'
복잡한 세상 속에 혼자 고요히 머무는 시간. 이때 빛나는 건 '나'다. 나만이 할 수 있는 일에 집중하면서 새로운 나를 만나기 바란다.

나다운 것이
주는 위안

나에게 좋은 사람이
되어주기

작업해야 할 원고가 있어 카페에 자리를 잡고 노트북을 펼쳤다. 앞 테이블에 회사원처럼 보이는 세 사람이 모여 앉아 이야기를 나누고 있었다. 그들은 이십 대 중반에서 삼십 대 초반 정도로 보였다. 카페 내부가 넓은 편이 아니어서 듣고 싶지 않아도 그들이 주고받는 이야기가 고스란히 들려왔다.

　　대화 주제는 같은 부서에 새로 들어온 동료 직원인 듯했는데, 주로 업무 피드백을 가장한 험담에 가까운 얘기들을 나눴다. 도마 위에 오른 당사자는 경력직이라 일을 야무지게 잘하고 자기주장이 확실하며 선을 명확하게 긋는 사람인 듯했다. 그런데 앞 테이블 사람들은 처음에는 나름대로 근거 있는 얘기를 나누더니 그 직원이 이런저런 이유로 눈치가 없다는 둥, 사회생활을 못한다는 둥 갈수록 그 사람에 대한 비난에 열을 올렸다.

세 명 중 한 사람은 처음에는 험담하기를 망설이는 듯하더니 결국 분위기에 이끌려 맞장구치는 모습을 보였다. 나는 의도치 않게 세 사람의 이야기를 듣게 되면서, 만약에 험담을 망설이던 사람이 끝까지 동조하지 않았더라면 그가 다음 험담 대상이 되지 않았을까 생각했다. 그 사람은 어쩔 수 없이 맞춰주었을 것이고, 공감하지 않아도 수긍하는 척했을 것이다. (물론 나만의 생각일 수 있다.) 아마 거기서 반박하거나 다른 의견을 주장했으면 눈치 없는 사람, 분위기 파악을 못 하는 사람으로 낙인찍히고 말았을 것이다. 슬프게도 그 세 사람은 타인을 험담하면서 동료애를 확인하고 직장 생활을 버틸 힘을 얻는 것 같아 보였다.

친구 관계에서도 경청과 위로를 강요당하는 경우가 흔하다. 물론 친구끼리 일상의 하소연과 언짢았던 일에 대한 불평불만을 충분히 얘기할 수 있다. 문제는 상대가 불편하다고 느낄 만한 일을 억지로 이해시키려 한다거나 지나치게 부정적인 단어들을 상대에게 퍼붓는, 소위 상대를 감정 쓰레기통 취급하는 경우가 아닐까. 그러나 상대를 감정 쓰레기통으로 삼는 일, 상대에 대한 과도한 집착이나 지나친 의존과 같은 일들은 사실 당사자뿐 아니라 그걸 받아주는 상대의 태도에도 문제가 있다. 이들은 단호하게 거절하거나 맺고 끊는 것을 어려워할 가능성이 높기 때문에 자신의 평소 의사

소통 기술을 고민하는 사람일지도 모른다.

SNS를 비롯한 온라인 매체는 이제 원만한 인간관계를 유지하는 수단이자 연결고리가 되었고 나아가 하나의 문화이자 트렌드가 되었다. 이는 우리가 감정 소모에서 절대 벗어날 수 없음을 뜻한다. 물론 좋은 대인관계를 맺는 게 잘못된 것은 아니다. 그로 인해 얻는 기쁨과 에너지가 있을 테니. 하지만 그런 관계에 몰두해 정말 놓치고 있는 건 없는지 스스로에게 물어볼 필요가 있다. 나를 마주해야 할 시간, 혼자만의 시간을 만들지 못해 스스로를 등한시하고 있지는 않은지, 다른 사람들에게는 좋은 사람이 되려고 노력하면서 정작 나와의 관계에서는 그러지 못하고 있는 건 아닌지. 이는 날마다 점검해야 할 과제이기도 하다.

그렇다면 나와 마주하기 위해서는 무엇부터 해야 할까. 가장 현실적인 접근은 나를 위한 시간을 확보하는 일이다. 자신을 위한 시간을 투자하는 과정에서 한 가지 주의해야 할 점이 있다면 누군가를 위해 하는 일을 나를 위해 하는 일이라 착각하지 않아야 한다는 점이다. 쉽게 말해 내가 원하는 것, 내가 흥미 있는 것, 나라는 사람이 친구라고 한다면 정말 재밌어 할 만한 것들을 해야 한다. 이럴 때 의도적으로 타인과의 연락을 잠시 멈추는 것도 도움이 된다. 예를 들어 잠들기 전이나 기상 후 한 시간 정도는 휴대전화를 끄거나 멀찍이 놓아두고 오직 나를 위한 오락, 취미, 생산적인 일에 집중해 보는 것이다. 그렇게 하면 과한 연락이나 만남이 줄어 자연스레 관계 다이어트가 되기도 한다.

그러나 누군가에게는 자신이 집중할 수 있는 무언가를 발견하는 것부터가 어려운 일일 수 있다. 잘 모르겠다면 과거에 시간 가는 줄 모르고 했던 일을 떠올려보길 바란다. 그래도 물음표가 사라지지 않는다면 경험해보지 않고는 찾을 수 없으니 다양한 일에 직접 부딪혀보는 수밖에 없다.

살아가는 일은 관계를 맺는 일이다. 따라서 삶에서 인간관계의 비중은 높을 수밖에 없다. 그러나 타인과의 관계가 내 삶의 전부를 차지하면 나의 일상, 나아가 나의 자아가 서서히 무너지게 된다. **우리의 삶을 지탱해주는 것들은 한 가지가 아니다.** 일, 사랑, 우정, 취미, 꿈, 자기계발, 휴식 등 다양한 요소들이 골고루 균형이 맞춰지는 순간 비로소 삶이 안정적으로 유지된다. 혼자만의 시간은 바쁘게 살아가는 동안 놓친 것들을 바로잡아주고, 삶을 재정비할 기회를 주는 아주 소중한 선물이다.

끝없이 바닥으로
가라앉는 마음

나의 유년 시절은 행복하지 않았다. 아버지는 낯선 곳에서 돌아가셨고, 어머니와의 관계도 그다지 좋지 않았다. 재일 교포인데도 일본인이라 놀림 받으며 보낸 학창 시절도 괴롭기만 했다. 다행히 좋은 친구들과 스승을 만났기에 우울감을 느끼는 데서 그치고 정신 질환까지 겪진 않았다. 아마도 낙관적인 기질을 타고났기 때문이기도 할 것이다. (일례로 정신적으로 아무리 힘들어도 불면증에 시달리진 않았다.)

일본에서 한국으로 왔을 때 처음 만나 아직도 친하게 지내는 동생이 우울증으로 꽤 고생하고 있다는 소식을 들었다. 동생을 만나 속 깊은 얘기를 나누면서 우울감과 우울증이 얼마나 다른지, 정신적으로 힘들어하는 사람들이 얼마나 고통스러운지 조금은 이해할 수 있었다. 우울한 사람들에게 조금이나마 도움을 주고 싶은 마음에서 동생과 우울증에 관해 나눈 대화를 여기에 소개한다.

"당연한 얘기지만 우울감과 우울증은 다르지?"

"물론이지. 전보다는 나아졌지만 그래도 아직 많은 사람들이 단순히 우울한 기분, 특정 시기에 느끼는 우울감, 정신질환인 우울증을 구분하지 못해. 난 우울증이라는 단어 자체를 바꿔야 한다고 생각해. 몸과 마음이 망가져 제 기능을 못하는 증상인데 우울증이라는 단어는 기분이 가라앉는 정도의 뜻으로만 다가오거든. 실제로 기억력이 현저히 떨어지고 단어 같은 것도 쉽게 떠오르지 않아 사람들과 대화하기가 어려운 순간들도 있어. 게다가 죽고 싶다는 생각이 머릿속에서 떠나질 않아."

"맞아, 그래서 우울증을 얘기할 때 마음의 감기라는 표현을 가장 흔하게 쓰잖아."

"마음의 감기보다는 마음의 암이라는 표현이 더 잘 맞는 것 같아. 우울증은 생활습관 자체에 영향을 줘 일상을 완전히 바꿔버리기 때문에 감기라는 비유는 적합하지 않다고 생각해. 정신질환이라 신체적인 질병과 다를 수 있고 정신질환 중에서는 비교적 흔하고 치료가 쉬운 편이지만, 개인마다 증상과 치료 기간이 다르니 감기에 비유하는 건 적합하지 않아."

"나 역시 그렇게 생각해. 다행인지는 모르겠지만 요새는 우울증을 마음의 감기 정도로 보는 인식은 줄어드는 추세라 하더라고. 그렇다면 네가 생각하는 우울증의 정의는 뭐야?"

"어두운 색깔의 안경을 끼고 세상을 차갑고 무겁게 바라볼 수밖에 없는 병."

"우울증은 '걸렸다'라는 개념이 맞을까? 이야기하기 어렵겠지만 네 경험을 들려줄 수 있어?"

"걸렸다라고 하기보단 스멀스멀 집어삼켜진다고 할까? 그리고 다르게 표현하면 내 삶이 송두리째 잡아먹히는 것만 같아. 바닥모를 심해에 가라앉아서 올라갈 기운이 전혀 나지 않는 기분이야. 난 부모님과 사이가 좋지 않았어. 학창 시절에도 존재감이 없어서 그걸 게임 속에서 채웠지. 게임 속 세상이 유일한 안식처이자 쉼터였어. 물론 현실에서는 부모님의 폭언과 급우들의 따돌림 등 모욕적이고 치욕적인 일을 수없이 겪으면서 자존감이 끝도 없이 추락했지. 지금 생각하면 어떻게 견뎠는지 모르겠네. 마지못해 살아온 것 같아."

"우울증 치료를 위해서는 특히 긍정적으로 생각해라, 인식을 바꿔라, 의지를 가져라, 운동해라, 사람을 만나라 같은 말들을 많이 하는데 그런 건 어때?"

"일시적인 우울감은 마음가짐이나 생각을 바꾸면 힘들지 않게 벗어날 수 있어. 누군가와 이야기를 나누기만 해도 풀리기도 하고. 그런데 우울증은 세상이 흑백으로 보이는 것과 같아. 나라는 사람, 나의 존재 자체가 무의미해지는 무기력감에 빠지게 돼. 물론 머리로는 알고 있어. 열심히 일하거나 공부하면서 성취감을 느끼면 무언가 바뀔 수 있을 것 같은 기대감이 들기도 하거든. 그런데 그러다가도 이유 없이 공허해져 불현듯 눈물이 나고 모든 일의 의미가 사라져. 그게 우울증이야. 긍정적으로 생각하고, 의지를 갖고, 운동하거나 사람을 만나라고 하는 것도 좋은 충고이긴 해. 하지만 그걸로 해결될 문제라면 우울증으로 힘들어하는 사람은 이 세상에 존재하지 않겠지. 우리가 흔히 아는 질병, 극단적인 예지만 암이 운동을 하는 등 스스로 노력한다고 해서 무조건 낫는 게 아니잖아? 그럼 의사도 필요 없겠지. 혼자서 어떻게 할 수 없고 치료가 필요하기에 질병이라 불리는 게 아닐까? 정상적인 기능을 할 수 없으니까."

우울증에 관해 깊게 고민해온 동생의 통찰이 절절하게 느껴졌다. 경험에서 우러나온 동생의 견해와 조언은 솔직한 만큼 너무나 생생했고, 동생이 겪었을 고통스러운 시간이 짐작돼 마음이 아팠다. 동생은 과거의 자신을 떠올리는 듯한 표정으로 담담히 말을 이었다.

우울증은 모두 다르다

"우울증은 완치할 수 있을까? 병원에 다니면 도움이 될까?"

"큰 도움이 되지. 사실 그게 유일한 방법이야. 앞서 언급한 좋은 생각, 운동, 사람들과의 교류 역시 치료에 도움이 되지만 그건 어디까지나 부차적이야. 정신과에서 진행하는 상담이나 처방하는 약이 없으면 완전히 낫기 어렵다고 봐. 이건 사람마다 의견이 다르긴한데, 적어도 나는 그랬어. 재발 가능성도 있으니 치료를 꾸준히 받아야 나아질 수 있다고 봐. 물론 개인마다 차이가 있기 때문에 치료방식을 잘 따르면서 생활습관을 바꾸고 그에 따른 심리 변화를 잘 관찰해보는 게 중요하지."

"우울증 환자에게 하지 말았으면 하는 것과 도움이 되는 행동에는 무엇이 있을까?"

"이해가 부족한 상태에서 함부로 조언하거나 본인의 경험에 비추어서 충고하는 것은 하지 않았으면 해. 누구나 우울할 때가 있다며 감정을 평가하거나 폄하하고 묵살하는 일, 도대체 언제까지 우울해하고 있을 거냐, 약을 평생 먹고 지낼 거냐면서 몰아세우는 일은 특히 더. 스스로 이야기할 때까지 기다려주고 힘들게 입을 열었다면 이야기를 끝까지 경청해주는 것만으로도 충분해. 섣불리 이해한다거나 언제 낫느냐며 호전을 압박하는 것도 삼갔으면 좋겠어. 답답하더라도 기다려주고 함께해주는 것만으로 큰 힘이 되니까. 나 역시 내가 힘들 때 곁을 지켜준 사람들이 가장 고맙거든."

『당신의 특별한 우울』의 저자 린다 개스크는 정신과 의사이자 우울증 환자다. 그녀는 10년간 2년 주기로 우울증이 재발한 탓에 20년 동안 지속적으로 항우울제를 복용했다. 그러면서도 환자와 본인의 상담을 교차하는 방식의 저서를 출간하는 등 우울이 어디서 왔으며 어디로 가는지, 우울증 치료가 어떻게 이루어지는지를 평생 연구했다. 그녀는 우울증이 단일한 질병이 아니라 개인적인 병이라 말한다. 연구 결과나 이론으로 묶을 수 있는 우울 증상이 있긴 하지만 사람마다 크고 작은 차이가 분명하다는 것이다. MBTI 성격 유형 검사가 나의 특징을 발견하고 분석할 수 있는 참고 도구가 될 수는 있어도 내 전부를 설명하지 못하는 것처럼, 우울증에 걸렸다고 해서 그게 내 전부인 양 정의를 내릴 수는 없다. 린다의 발견은 우리에게 한 가지 깨달음을 준다. 우울증은 지극히 개인적인 병이기 때문에 각자의 치료 방법 또한 다 다를 수 있다는 사실이다.

동생과 대화를 나눠보니 우울증 환자가 겪는 증상이 말로 다 하지 못할 정도로 심각한 일이라는 사실을 알 수 있었다. 그러므로 우울증으로 힘들어하는 사람이 주변에 있다면 해야 할 일은 꽤 명확하다. 할 수 있는 일을 부담 주지 않는 선에서 도와주고, 이야기를 들어주고, 때로는 아무 말 없이 곁에 머물러주는 것이다. 잘 모르겠다면 원하는 걸 물어봐주고, 먼저 말을 꺼내기 전에 묵묵히 기다려주면 된다. 이 말이 어렵게 느껴질 수 있지만 그렇게 하는 게 맞는다면 그걸 할 뿐이다. 현재까지도 이어지고 있는 힘들었던 순간을 떠올리는 것만으로도 충분히 괴로울 텐데 나의 질문에 자신의 이야기를 가감 없이 들려준 동생이 고마웠다.

·
〰〰

내치는 말, 살리는 말

나는 좁디좁은 집에서 지낼 때부터 늘 자유를 꿈꾸며 살아왔다. 제멋대로 사는 인생이 아닌, 상상의 제약이나 한계가 없는 그런 자유. 내가 생각하는 자유, 그 자유를 꿈꿀 수 있는 최고의 시기는 십 대다. 나이를 언급하는 이유는 나이가 들면 들수록 짊어져야 할 책임이 커지기 때문이다. 요즘에는 그 책임을 짊어지고 살아가야 하는 십 대 친구들도 많아졌지만 말이다.

예를 들면 나는 누군가가 소리 지르는 걸 싫어한다. 어린 시절에 엄마가 큰 소리를 지르며 나를 다그치거나 화냈기 때문이다. 당시 우리 집은 거의 해마다 이사를 했다. 편부모 가정에다 부모에게 한창 사랑받아야 할 시기에 엄마는 일을 하느라 바빴으니 내게는 마음을 기댈 대상, 친구가 필요했다. 그리고 열두 살 무렵, 안정감을 느낄 수 있는 좋은 친구를 만났다. 그런데 하필이면 그 즈음에 한국으로 돌아가야 한다는 얘기를 엄마로부터 전해 들었다. 그때까지 나는 엄마에게 내가 한일 혼혈이라는 사실과 한국에 대한 이야기를 한 번도 들은 적이 없었기에 내가 일본인 줄 알고 있었다. 그런데 갑자기 내가 한국인이며 한국이라는 낯선 나라로 당장 떠나야 한다니. 나는 살던 곳을 떠나기가 너무 싫은 나머지 가출을 감행하는 반항을 저질렀다. 지금도 생생하게 기억한다. 출국 전날, 그동안 모은 돈 1만 엔을 들고 엄마가 잠들 때까지 기다렸다가 잠든 것을 확인하자마자 몰래 집을 빠져나가던 순간을. 지금 생각하면 귀여운 수준의 일탈이었지만 당시 나는 꽤나 진지했다. 아무리 어렸어도 한국에 가면 일본에 다시 돌아올 수 없을지도 모른다는 생각이 본능적으로 들었고 그러자 두려운 감정이 앞섰다. 집에서 나온 나는 터벅터벅 걸어 이사 전에 살던 동네 몇 군데를 들렀다. 지난날을 회상하며 정처 없이 떠돌아다닌 것이다. 어린아이가 그런 것 말고 무엇을 할 수 있었겠는가. 결국 울음이 터져 울고 있는 나를 지나가던 아주머니가 집에 데려다주면서 작은 반항은 막을 내렸다. 그런데 그때 엄마를 다시 만나자마자 엄마가 길거리에서 귀청이 찢어질 듯 큰 소리를 지르며 나를 때렸다. 당시 나는 그 일을, 맞을 만했다 여기고 넘어갔지만 그때 느낀 두려움, 수치심, 공포는 내 안에 고스란히 남았다. 그 일은 결국 트라우마가 되었다.

주변을 둘러보면 어린 시절의 트라우마를 안고 지내는 사람들이 꽤 있다. 하지만 대부분 그 트라우마를 외면한 채 일상을 살아간다. 과거의 트라우마를 굳이 불러내 곱씹는 것이 과연 옳을까? 여기서 옳고 그름을 따질 생각은 없다. 다만 간혹 당신 안의 무언가가 어린 시절의 당신이 울고 있다고, 혹은 그 시절 당신의 표정이 몹시 슬퍼 보인다며 말을 건넬 것이다. 나 또한 유년 시절의 내가 굉장히 안타깝다는 감정이 고개를 들 때가 있으니까.

단지 과거일 뿐이라고, 부모님의 부족함과 나의 미성숙함으로 빚어진 일이고 이미 지난 일이니 그저 묻어두거나 잊어버리면 된다고 생각할 수 있다. 그 말이 맞다. 이렇게 이야기를 풀어가는 나도 그저 가끔 과거를 되새기면서 우울해하는 한 사람에 불과하다. 그럼에도 감사한 건 이런 경험이 없었다면 나는 절대로 글을 쓰지 않았으리라는 사실이다. 지난날을 되돌아보면 참 고되고 힘든 일이 많았지만 다른 관점에서 보면 그 경험 덕분에 오늘날의 내가 만들어진 것이나 마찬가지다. 크게 소리 지르는 것을 싫어하는 사람, 상대가 어떤 트라우마를 가졌는지 궁금해하는 사람, 그렇게 성장한 지금의 내가 마음에 든다.

그리고 이제는 다행히 내가 누군가에게 영향을 줄 수 있게 됐다. 그러니 좁은 세상에서 헤매고 있는 누군가를 도와주고 싶다. 그것이 내가 공부하는 이유고 책을 읽고 글을 쓰는 이유다. 내가 쌓아온 것들이 누군가에게 사소하게나마 전환점과 생각할 거리를 만들어준다면 그걸 안 할 이유가 없다.

그치지 않는 비는 없으며 동트지 않는 밤은 없다. 터널의 끝은 반드시 있다. 꿈이라는 뻔한 말이 현실이 될 수 있도록, 기대나 믿음이 사라지지 않도록 나는 당신이 내일을 기대할 수 있게 만드는 글을 쓰며 마음을 전하고 싶다.

침묵은 다른 형태의 다정함

어떤 사람들은 대화 사이에 침묵이 생기면 안절부절못하곤 한다. 누군가와 밥 먹을 때조차도 아무 말 없이 식사에 집중하면 그 시간이 견디기 힘들고 스트레스 받는다며 고민 아닌 고민을 털어놓는 친구도 있었다. 핀란드에는 "여러 나라의 언어로 침묵하는 법을 알고 있다"라는 농담이 있는데, 이는 실제로 맞는 말 같다. 핀란드 사람들은 꼭 이야기를 나누어야만 그 순간을 함께한다고 생각하지 않는 것이다. 그들은 침묵을 어색하게 받아들이지 않으며, 말하지 않는 상태를 놓고 쉽게 판단하지 않는다. 기다릴 줄 알고 공백을 여유로 채우는 것이다. 이는 핀란드라는 나라만의 문화이며 사회적 분위기인 듯하다.

나 또한 상대와 대화를 나누다 보면 침묵할 때가 있다. 한번은 나의 연인이 내가 말을 하지 않으면 무서울 때가 있다고 이야기했는데 그건 그녀가 침묵에 대한 관점이 나와 달랐기 때문이다. 다행히 그녀는 이내 내가 가끔씩 보여주는 침묵을 꼭 뭘 해야만 하는 게 아니라 잠깐의 공백을 둔다는 의미로 받아들였다. 작은 변화가 시작된 것이다. 시간이 흐를수록 우리 사이에서 침묵은 쉼표와 같은 역할로 바뀌었다.

소중한 순간은 말을 하지 않는 관계 안에서도 존재한다. 그 시간과 공간, 그때 느끼는 감정을 공유하는 것, 말을 하지 않음으로써 **더 명확하고 진지하게 몰입할 수 있는 순간이 있다. 그런 순간은 오롯이 현재에 집중하게 하는 것과 동시에 바쁜 일상을 잠시 멈추게끔 만드는 역할도 한다.** 침묵은 상대에게 보일 수 있는 다정함 중 하나다. 성격이 급하거나 텐션이 높은 사람들에게는 그저 답답하게만 보이겠지만 나는 그래도 침묵의 힘을 믿는다. 내게 있어 침묵은 일종의 자원이자 또다른 형태의 말하기이기 때문이다.

나만의 속도로 살아갈 것

식물은 주어진 환경에서 자신의 속도대로 자란다. 누가 알려주지 않아도 자라나는 법을 스스로 터득해 꿋꿋이 성장한다. 영양분이 부족한 땅이나 흙처럼 완벽한 환경이 아닐지라도, 춥거나 더운 날씨 등 꼭 맞는 기온이 아닐지라도 주변의 가능한 것들을 모두 모아 싹을 틔우는 원동력을 만들어낸다. 그래서 바윗돌 사이에서도 싹이 트고 가파른 절벽에서도 꽃이 핀다.

인생이 도무지 풀리지 않는다고 느끼던 때가 있었다. 당시에는 이런 의문에 늘 휩싸여 있었다. '왜 내 손에 쥐어진 것은 아무것도 없을까.' 다른 사람들은 항상 나보다 여유롭고 풍족해 보였다. 보이는 게 다가 아닌데도 혼자 비교하고 의미를 부여하면서 스스로를 괴롭게 했다. 확대 해석, 피해망상……. 모든 사람이 미웠고 어떤 일도 하기 싫었다. 경쟁에서 뒤처진 것 같아 숨고 싶기만 했다. 그저 힘없이 '할 수 있다'라는 말만 되풀이할 뿐이라 비참했던 시절. 아무것도 할 수 없었으면서 습관처럼, 버릇처럼 그 말에 기댔다. 그저 그 말을 붙잡고 버텨냈다. 돌아보니 그 말이 나를 살렸다. 그래서 잘된 사람들이 힘든 시기에는 그저 버티라고, 오래 살아본 어르신들이 그리도 악착같이 버티라고 조언했나 싶다.

할아버지가 들려주신 말씀 중에 기억에 남는 것이 있다. 자연의 순리에 맡기라는 말. 주어진 운명대로 살아가라는 말로 들렸다. 주변에서 자라나는 식물, 특히 삭막한 환경에서도 피어난 꽃을 떠올려보자. 장석주 시인의 「대추 한 알」이라는 시에서도 그런 상황을 엿볼 수 있다. "저게 저절로 붉어질 리는 없다 / 저 안에 태풍 몇 개 / 저 안에 천둥 몇 개 / 저 안에 벼락 몇 개." 우리도 마찬가지다. 저마다 다른 삶의 어떤 시기에 태풍도 맞고 천둥도 맞고 벼락도 맞아가며, 대추가 붉어지듯 찬찬히 성숙해간다. 우리 삶에 주어지는 경험들은 역경을 딛고 반드시 결과물을 맺는다. 팍팍하고 메마른 바위틈에서도 어떻게든 싹이 트는 것처럼, 나 또한 주어진 환경에서 솟아오를 수 있으리라 믿어보자. 물론 쉽지 않을 것이다. 그 과정에서 겪어야 할 태풍, 천둥, 벼락과 같은 시간 때문에 제자리걸음을 하게 될 수도 있다. 하지만 걷다 보면 분명 조금씩이라도 앞으로 나아갈 수 있을 것이다. 우리 삶에 성장은 멈추지 않는다.

힘들었던 시절 내게 가장 큰 위안이었던 건 식물처럼 인간도 삶을 완성하기 전까지는 성공과 실패를 알 수 없다는 사실이었다. 먼 미래라고 생각하는 것이 어쩌면 가까이에 있을지도 모른다. 시간이 지나면서 성숙해지는 사람을 보면 그 과정 안에 무수히 많은 사연들이 숨어 있다. 그것이 성장의 이유다. 그러니 오늘, 나만의 속도로 한 걸음씩 나아가자. 내가 걸어온 발자취만이 나에 대해 말해주 는 증거니까.

좋아하는 일을 잘하는 법

북토크나 강연, 강의를 할 때 질의응답 시간을 꼭 마련하려 한다. 내가 준비한 것 외에 사람들이 내게 기대하는 무언가가 있다는 것을 알기 때문이다. 질문을 하는 사람은 완벽한 해결책은 아니더라도 조언을 구하거나 영감을 얻기 위해 마음속에 감춰둔 물음을 던지는 것이리라. 그런 질의응답 시간에 매번 빠지지 않고 등장하는 질문이 있다. 다름 아닌 좋아하는 일을 하는 것이 옳은지 아닌지를 묻는 질문이다. 그저 마음이 가는 대로 하면 좋을 텐데 왜 많은 이들이 이 문제를 고민하는 걸까? 아마도 나이에 따라 받는 사회적 기대와 압박, 주변인들의 간섭 때문일 것이다.

"나이 서른이 되면 이 정도는 되어야지", "지금 한창 젊은 시기인데 남들처럼 도전하며 살아야지"라는 생각은 나 혼자 만들어내는 게 아니라 주변에서 주는 스트레스로 생겨났을 확률이 크다. 본인의 의식적인 노력과는 별개로 나의 가치관은 알게 모르게 주변 환경으로부터 큰 영향을 받는다. 반대로 내가 확고한 신념을 가지고 있어도 그런 나를 색안경 끼고 바라보는 시선이 많으면 그 편견과 고군분투해야 하는 상황에 놓인다. 이렇듯 나답게 사는 것과 인간관계, 우리는 늘 이 사이에서 고뇌한다.

우리가 흔히 알고 있는 유명한 연예인이나 인플루언서, 크리에이터들도 비슷한 고민을 한다. 가수 아이유의 콘서트에서 고민 상담을 하는 시간이 있었는데 어느 팬이 아이유에게 물었다고 한다.

"제가 뭘 잘하는지, 뭘 좋아하는지 잘 모르겠어요. 주변에서는 이렇게 저렇게 하라는데 그렇게 해야 할 이유 또한 모르겠고요. 아이유 씨의 노래를 들으며 힐링하지만 현실적인 문제에 맞닥뜨리면 가슴이 답답해져요. 저는 노력해도 안 되는 것 같은데, 제가 잘하는 일을 찾아야 할까요? 아니면 잘하지는 못하지만 좋아하는 일을 하는 게 좋을까요?"

이 질문에 아이유는, 잘하는 것과 좋아하는 것을 선택하는 데 정답은 없다, 나는 스스로 좋아하는 일을 하기로 결정했을 때 주변에서 행복하겠다고, 부럽다고 이야기했다. 하지만 사람들은 내 결정에 따른 책임과 감수해야 할 것들이 분명히 존재한다는 점을 잘 모르는 것 같다고 말했다. 이어서 "가수가 되고 나서부터는 절대로 음악을 취미 생활로 둘 수 없게 됐어요. 예전에는 음악 듣는 게 좋아서 '나는 가수를 해야지'라고 생각했는데 가수가 되고 나자 '우와, 이 음악 너무 좋다!'라면서 순수하게 즐길 수 없더라고요. 어떤 음악을 듣더라도 항상 분석하게 되고 일에 접목하게 되니까요. 그래서 내가 좋아하는 일을 한다는 마음만으로 여기까지 올 수는 없었어요"라고 덧붙였다.

맞는 말이다. 그녀 역시 데뷔 후 현재 위치에 오르기까지의 과정이 마냥 즐겁지만은 않았을 것이다.

그러니 포기할 건 포기해야 한다. 잘하는 일이 즐겁지 않기 때문에 하는 고민이지 않은가. 버리기 힘든 욕심이겠지만 내려놓아야 한다. 선택을 한다는 건 동시에 무언가를 포기하는 것이기도 하다. 그러므로 좋아하는 일을 업으로 삼아 치열하게 하든지, 잘하는 일을 하면서 좋아하는 일을 취미로 두든지 해야 할 것이다. 일은 '실력'이 정말 중요하기 때문에 대부분 실력이 갖춰진 사람에게 일이 주어지고 그에 맞춰 진행된다. 보통의 관계에서는 필요할 때 찾는 사람보다는 고마운 사람이 되는 게 중요하지만 일에서는 그렇지 않다. 고마운 이가 되기보다는 필요한 사람이 되어야 한다. 그 말은 즉 '증명'을 해야 한다는 것이다. 자아실현도 좋지만 적어도 자신의 생계나 책임져야 할 게 있다면 그럴 수 있는 능력을 갖추어야 떳떳하지 않을까. '열심', '성실', '열정' 같은 단어들은 모두 좋다. 그러나 그에 앞서 나의 결과물을 제시할 수 있는지, 구체적인 수치를 보일 수 있는지, 무엇보다 그 일을 하면서 스스로 행복하다고 판단할 수 있는지 등은 꽤 현실적인 이야기다. 좋아하는 일을 하는데 왜 이런 걸 따져야 하는지 의아할 것이다. 그 이유는 노력했는데도 안 된다고 말하는 사람은 대부분 이런 계산이나 분석에 미숙해 좌절하기 때문이다. 나는 그런 경우를 수없이 봐왔다.

불안을 넘어
확신으로

A는 어릴 때부터 생각이 많았다. 생각을 머릿속으로 정리하기 전까지 입을 열지 않은 탓에 말도 느리고 말수도 적었다. 당연히 사람들 앞에서 자신의 의견을 꺼내놓는 일도 제대로 하지 못했다. 시간이 흐를수록 발표는커녕 연인과 눈을 맞추며 대화하는 것조차 부담스러웠다. 그가 내게 물었다. "차라리 스피치 학원을 다니면 낫지 않을까요? 말 잘하는 법을 배우면 여러 사람 앞에서도, 사랑하는 사람 앞에서도 버벅대며 실수하는 일은 없을 테니까요." 나는 A의 말을 유심히 들은 후에 대꾸했다.

"단순히 스피치를 잘한다는 게 진짜 말을 잘하게 되는 걸까요?"

내 질문에 그는 이런저런 얘기를 덧붙였지만 이렇다 할 결론이

나오지는 않았다. 말을 잘한다는 건 어휘력을 바탕으로 정보를 선별하고, 말의 흐름을 체계적이면서도 논리적으로 구성해 상대에게 전하는 것을 말한다. 즉 상황에 따라 적절한 말을 건네는 것이지 분위기를 띄우거나 관계를 위한 사교적인 대화를 일컫는 게 아니다.

아는 동생 중에 말이 굉장히 많은 녀석이 있다. 만날 때마다 엄청난 말을 쏟아내는데 늘 이런 생각이 들었다. '그래서 하고 싶은 말이 뭐지?' 만약 비즈니스 관계로 만나는 자리였다면 어땠을까? 거래처랑 미팅하는 자리에서 상대가 그토록 횡설수설한다면 난 그 자리를 금방 뜨고 말 것이다. 횡설수설하는 가장 큰 이유는 바로 불안감이다. 그렇다면 여러 사람 앞에서 말하거나 발표할 때 불안감이 생기는 원인은 무엇일까.

먼저 '성격' 때문에 그럴 수 있다. 평소 소심하거나 수줍음이 많은 사람이라면, 또는 그렇지 않더라도 완벽주의적인 성향이라면 말하는 것이 부담스럽고 불안할 확률이 높다. 두 번째로는 '경험'이다. 과거에 여러 사람 앞에서 의견을 말하는 자리에서 망신을 당했거나 발표 도중 실수한 경험이 트라우마로 남은 경우다. 세 번째는 '상황'이다. 예상치 못한 상황에서 말을 해야 한다거나 중요한 발표 자리라 지나치게 의식하는 경우 불안감이 생길 수 있다. 네 번째로는 '자신감이나 준비 부족'을 원인으로 꼽을 수 있다. 어떤 경우든 준비가 제대로 되어 있지 않으면 머릿속이 하얘지는 법이다. 잘 모르는 주제일 경우도 그렇다.

이렇듯 많은 요소들이 불안감을 키워 다른 사람 앞에서 자연스럽게 말하는 걸 방해한다. 이건 과거에 다른 사람 앞에서 말하는 걸 실패한 경험이 있으면 누구나 가지고 있을 법한 트라우마다. 하지만 불안 요인이 분명할수록 이를 극복할 수 있는 방법 역시 명확하다. 방법은 크게 세 가지가 있다.

첫 번째, 발표 내용은 전부 암기할 생각하지 말고 몇 가지 키워드를 선별해서 기억한다. 그리고 발표가 아니라 평소처럼 말하려고 애쓰는 편이 좋다. 자신이 겪은 일이나 경험을 이야기할 때 떨면서 말하는 경우는 드물다. 대부분 천천히 자연스럽게 말한다. 발표할 때에도 그런 느낌을 염두에 두고 키워드를 엮어 문장으로 내뱉도록 한다.

두 번째는 이미지 트레이닝이다. 이미지 트레이닝은 스포츠 시합이나 음악 연주 등에서 주로 활용하는 연습법 중 하나로 상황을 머릿속에서 구체적으로 그려보는 것이다. 자신이 어느 곳, 몇 명의 사람들 앞에서 어떤 내용으로 발표할지, 발표를 듣는 사람들의 표정은 어떤지, 발표하는 나의 기분은 어떤지 등 예측 가능한 상황을 현실처럼 떠올려보면 좋다. 실제로 스포츠에서는 이미지 트레이닝을 할 때 근육 신경이 활성화된다는 연구 결과가 있다.

세 번째는 확신이다. 자신감 부족은 보통 자신에 대한 확신이 없어서 생긴다. 확신은 평소 해왔던 연습, 마음가짐에서 비롯된다. 자신감도 학습으로 높일 수 있는데 그때 필요한 것이 반복적인 연습이다. 아무리 작은 성취라도 좋으니 차근차근 성공을 맛보면서 자신감을 되찾도록 연습해보자.

발표 불안을 없애는 구체적인 방법 중 가장 쉬운 것은 특정 주제의 강의를 듣거나 책을 읽은 뒤 글로 옮겨보고 말로 설명해보는 것이다. 말로 설명한 것들을 글로 다시 정리해도 좋다. 결국 말이라는 건 글을 읊는 것에 불과하다. 반복이 끝이다. 나머지는 기술적인 부분이라 교정을 받으면 해결될 일이다(욕심이 있다면). 그리고 다른 사람들과 이야기하는 자리에 참여해 한 문장이라도 자신의 의견을 말해보는 연습을 하면 더 수월하다. 분위기가 편하거나 모임 규칙이 느슨한 자리일수록 좋다. 취향을 공유하는 모임이라면 더 부담 없이 참여할 수 있을 것이다.

사람 사이에 내가 있다

나는 대학교에 입학했을 무렵 대인기피증을 앓고 있었다. 사람 앞에 서는 게 두려웠고 누군가와 눈을 마주치기도 어려웠으며 목소리는 상대에게 들릴 듯 말 듯 작았다. 특히 기가 센 사람 앞에 서면 말을 한마디도 꺼내지 못했다. 당시 나는 축 처진 어깨에 어두운 표정을 한, 자신감이 부족한 사람이었다. 더군다나 생각이 많고 비약이 심해 스스로를 있는 그대로 바라보지도 못했다.

그런 내게 전환점이 여러 번 찾아왔다. 좋은 스승을 만나 인정받았고, 엄마랑 눈을 마주보며 진솔하게 대화해 쌓인 감정을 풀었다. 또 누군가를 뜨겁게 사랑하기도 하면서 나를 가두었던 세계를 하나씩 깨나갔다.

그 시기의 경험들을 엮어 첫 에세이 『오늘은 이만 좀 쉴게요』

를 펴냈다. 책을 출간하고 시간이 좀 흐른 후에 다시 읽어보니 빛을 잃은 내가 그 안에 있었다. 당시 나는 나를 지키고 삶을 홀로 견디는 법만 알았지 사람 사이의 정이나 온기는 전혀 느끼지 못했다. 살아가는 데 소중한 무언가를 찾지 못한 기분에 매일같이 휩싸였다.

유독 우울했던 어느 날, 유튜브에서 영상을 하나 보았다. 어느 콘텐츠 회사 대표의 인터뷰 영상이었는데 그 내용이 꽤 진솔하게 다가왔다. 그는 해가 바뀔 때쯤 잊지 않고 하는 일이 있다고 했다. 바로 이삼십 대의 자살률을 확인하는 일인데, 그 세대의 사망 원인 1위가 늘 자살이라고 했다. 그러고 보면 우리 사회의 2030세대는 유난히 공허하고 지친 삶을 살고 있는 것 같다. 어릴 때부터 이미 정해진 길, 만들어진 정답에 길들여진 탓에 어른이 되면 자신이 진짜 원하는 것이 무엇인지 고민에 빠지는 사람이 많다. 영상 속 대표는 청년들에게 당장의 행복을 포기하고 내린 선택은 결국 허무함을 동반하기 때문에 적어도 자신이 원하는 도전을 하며 후회 없는 선택을 하라고 조언했다. 길지 않은 영상이었지만 보는 내내 여러 생각이 들었고 다 보고 나서는 좀 더 솔직해져야겠다고 결심했다. 누군가를 만나보자. 마음의 허전함을 직시하자. 결심을 하고 나니 마음의 빈 공간을 채우는 방법을 찾기까지 그리 오래 걸리지 않았다.

화가 피카소, 소설가 스콧 피츠제럴드와 어니스트 헤밍웨이와 같은 뛰어난 예술가가 등장했던 시기에는 살롱 문화가 꽃피고 있었다. 살롱은 신분, 계급, 직업과 상관없이 다양한 사람들과 교류하며 대화하는 공간을 말한다. 내가 찾은 곳은 현대판 살롱이었다. 이 소셜 살롱 모임에는 독특한 규칙이 존재했다. 다양성을 존중하며 다름을 인정할 것. '님'이라는 호칭을 준수하며 평등한 위치에서 대화할 것. 비난, 무시, 강요를 삼갈 것. 무엇보다 나이와 직업을 공개하지 않는 시스템이 새로웠다. 상대를 평가하고 위계와 서열을 만드는 일을 애초에 차단하는 점은 약간 충격적이기까지 했다.

나는 2주에 한 번씩 모이는 이 살롱 모임에 참석하기 위해 왕복 다섯 시간을 오갔다. 이동하는 내내 기대감에 부풀어 힘든 줄도 몰랐다. 멤버들과 대화하면서 각자의 가치관을 나누었고 때로는 털어놓기 힘든 이야기를 주고받기도 했다. 그러는 사이에 자신의 상처와 마주하는 사람도 있었고, 자신의 새로운 모습을 발견하는 이들도 있었다. 나는 잃어버렸던 나의 모습을 되찾았다. 재밌는 이야기를 하고, 특정한 주제에 관해 토론하기도 하며 생산적인 대화를 즐길 줄 아는 사람이 된 것이다. 타인의 시선을 신경 쓰며 남이 듣기에 좋은 이야기를 억지로 늘어놓을 필요가 없었다. 나만 할 수 있는 이야기가 있었고, 특별한 공간에서 함께 둘러앉아 내 이야기에 귀를 기울이며 나를 존중하는 멤버들이 있었다.

나를 꺼내는 데 익숙해질수록 자신감이 쌓였다. 사소하게 인정받는 일이 나의 가치에 대한 확신으로 이어진 덕분이었다. 정기 모임이 끝나고 롤링페이퍼를 한 적이 있었다. 사람들이 내게 남긴 응원의 말과 장난스러운 멘트 사이에 진솔한 문장 한 줄이 눈길을 사로잡았다.

"제가 읽은 소설이나 자서전을 보면 작가들은 대부분 삶이 불행했어요. 그렇지만 힘찬 님만큼은 행복했으면 좋겠어요."

나는 내가 행복했으면 좋겠다는 말을 부모에게도 들은 적이 없었다. 축복을 바라며 건넨 그 말 한마디로 굳게 닫혀 있던 내 마음의 문이 활짝 열렸다.

개인의 인정 욕구는 부모나 사랑하는 연인으로부터 채워진다. 혹은 소중한 친구나 동료일 수도 있다. 그러나 요즘에는 그런 사랑을 주고받기는커녕 편안한 대화를 나누는 일조차 어려워하는 사람이 많다. 이럴 땐 환경을 새롭게 하는 것이 도움이 될 수 있다. 여기서 환경이란 주변 사람을 말한다. 일상을 완전히 바꾸기는 힘들겠지만 좋은 사람들을 만나는 계기를 만들고 그 만남을 지속한다면 분명히 달라진다. 그렇게 하면 매일을 무의미하게 흘려보내는 것이 아니라 매 순간 기대되는 하루하루를 만들 수 있다는 걸 나는 몸소 경험했다.

개인의 성장은 분명 의지력에 달려 있지만 주변 사람도 의지력만큼이나 중요하다. 나의 성장을 함께 나누고 생산적인 대화를 할 수 있는 사람의 존재. 거실처럼 편안한 공간에서 솔직한 마음을 털어놓을 수 있는 사이. 그것이 나를 변화시키는 중요한 동력 가운데 하나다.

어떤 만남을 통해 맺은 인연이 어떻게 될지는 누구도 알 수 없다. 그렇지만 좋은 사람은 겪어봐야 안다. 어떤 사람은 스스로 좋은 사람이 되면 그런 사람을 만날 수 있다고 조언한다. 맞는 말이다. 하지만 확실한 건 어떤 관계든 나를 한결같은 태도로 지켜봐주는 사람, 때로는 불편한 이야기도 스스럼없이 주고받을 수 있는 사람, 무엇보다 나의 진심을 솔직하게 털어놓을 수 있는 사람과 함께하는 기회다. 다시 말하지만 이런 기회를 만들려면 나만을 지키느라 날카롭게 세운 가시를 내려놓고 사람들을 만나러 가는 일이 무엇보다 중요하다.

우리가 사랑해야 하는 이유

앞서 말했듯 식물은 온전히 자신의 속도대로 자란다. 그러나 화분에 며칠간 물을 주지 않거나 밭에 오랫동안 비가 오지 않으면 자라던 식물은 금세 시들고 빛을 잃는다. 볼 때마다 애정이 담긴 말을 해주며 관리하는 식물과 그렇지 않은 식물의 차이가 크다는 실험은 유명하다. 식물이 이러할진대 동물은 오죽하겠는가. 야생의 동물은 그에 걸맞은 생존력을 지니고, 사람과 함께 살아가는 동물들은 주인에게 길들여진다. 상황에 따라 성장 속도가 달라진다.

그렇다면 사람은 어떨까. 자라온 환경과 배경이 백팔십도 다른 사람끼리 만났을 때 일어나는 일들은 대단히 흥미롭다. 누구든 거리를 적절히 두고 지내면 큰 갈등이 없겠지만 가까운 연인이나 가족이라면 이야기가 다르다. 나의 연인을 처음 만났을 때가 떠오른다. 그녀의 첫인상이 꽤 충격적이었는데 화제를 바꾸는 속도가 너무 빨랐기 때문이다. 맛집 이야기를 하다가 옷 이야기를 하고, 웃긴 얘기를 하다가 갑자기 진지한 얘기를 하는 식이었다.

'이 사람은 뭐지?'라는 생각이 들었다. 나도 어디 가서 지지 않을 정도로 엉뚱한 구석이 있었지만 그녀에 비하면 평범한 수준이었다. 그녀는 잘 웃고, 장난기가 많았다. 그러면서도 본인이 부정적이고 사랑하는 걸 두려워한다고 했다. 그녀와 나는 자주 연락하고 만나면서 언제부턴가 서로를 '우리'라 부르게 되었다.

한번은 오랜만에 솜씨를 발휘해 그녀에게 닭볶음탕을 만들어 주었다. 그녀는 닭볶음탕을 먹으면서 기쁘게 말했다.

"자기야. 너무 맛있어!"

시간이 천천히 흘러가면 좋겠다고 생각한 순간이었다. 그녀와 마주앉아 함께 밥을 먹는 시간이 너무나 소중했다. 행복은 대단하고 거창한 일에만 있는 게 아니었다. 사소한 일이라도 함께하면 발견할 수 있는 것이었다. 그녀는 자신이 메마른 사막 같은 사람이라고 하면서 내게 사라져버리는 소나기, 오아시스가 아니라 늘 그 자리에 있는 나무가 되어달라고 말했다.

나는 행복에 겨워 하면서도 그녀와 더 가까워질수록 관계의 끝을 알게 모르게 생각하는 스스로가 두려웠다. 그녀와의 사이에도 끝이 정해져 있을 거라는 불안감이 파도처럼 밀려왔다. 그녀는 스스로를 부족하다 말하며 내게 온전히 의지했는데 나 역시 크게 다를 바 없었다.

"나는 불안정하고 불완전한 사람이야. 그래도 내가 놓지 말아야 할 건 잡아. 나는 자기를 놓지 않을 거야. 우리 둘이 서로 뿌리가 돼서 꽃을 피웠으면 좋겠어. 그리고 나로 인해 자기가 행복했으면 좋겠어."

용기를 북돋워준 그녀의 말. 상처 받더라도 사랑해야 하는 현실을 받아들이기로 마음먹은 내게 이 말은 촉진제가 됐다. 내 마음은 점점 깊어졌고 그녀 덕분에 행복을 느꼈다. 지금도 마찬가지다.

나는 그동안 수없이 도망쳤다. 돈이 없다는 이유로 도망쳤고, 무작정 저지른 사랑을 책임지지 않고 도망쳤고, 상대의 슬픔 앞에 감당하기 힘들다는 핑계로 도망쳤다. 그렇게 도망친 곳에는 합리화와 함께 후회가 남았다. 그런 내가 그녀의 확신과 스스로의 다짐을 발판 삼아 부정적인 편견을 깨고 어둠 밖으로 나올 수 있었다. 앞으로도 사랑하는 일에 난관이 생기면 회피하지 않고 상대를 마주 바라보고 싶다.

당신을 사랑하는
내가 마음에 들어

사랑하는 사람과 보내는 순간은 매우 행복하다. 완전히 다른 두 사람이 만나 '우리'가 됐다는 사실이 믿기지 않는다. 그도 그럴 만한 게 사랑과 이별을 반복하다 보면 밝고 희망적인 사랑의 유무가 의심스러워지기 때문이다. 인연이라는 말에 불신이 생기고 사랑은 꿈으로만 끝난다. 이런 상황이 거듭되면 사랑은 그저 아프기만 한 것으로 치부돼 누군가를 만나고자 하는 의욕이 사라진다. 나 역시 연애에 대한 피로가 쌓여 새로운 만남에 지친 상태일 때가 있었다.

그런 내가 그녀를 만났다. 단조로운 스타일과 수수함을 추구하는 편인 나와 달리 그녀는 밝고 화려한 사람이었다. 어디에서든 조용히 숨어 있는 나를 숨바꼭질하듯 찾아내 어떻게든 밖으로 데리고 나오는 그녀는 내게 참 신기한 존재였다. 서로가 서로를 신기해하며 서로에게 짙게 물드는 시간이 서서히 흘러갔다.

　　발걸음이 느린 내가 그녀의 소란스럽고 빠른 걸음을 따라잡기 버거운 것과 같은 말하지 못할 사소한 불만도 있었다. 경제 상황, 집안 갈등, 성격 차이, 인생관 등 다양한 형태의 문제도 있었고 각자의 그림자 속에 따라다니는 트라우마도 있었다. 그럼에도 '우리'라는 이름을 지켜올 수 있던 이유는 다름을 존중할 줄 알았기 때문이다. 맞지 않는 부분을 감당해내는 게 헤어지는 것보다 나았기 때문이다. 그녀는 혼자 앞서 가다가도 되돌아와 상대를 보살필 줄 알았다. 그렇게 보폭을 맞추다 보니 우리는 어느새 나란히 걷고 있었다.

　　나는 지금 내 모습이 몹시 마음에 든다. 과거의 무언가를 그리워하는 사람이 아닌, 오늘의 나를 인정하는 모습. 그런 나 자신의 모습을 사랑한다. 내일이면 오늘 또한 과거가 되겠지만 사라지지 않을 무언가로 우리를 기록하고 싶다. 여기에 사랑이 어디 있느냐고 한다면 우리 두 사람, 행복해 보이지 않느냐고, 닮은 걸 넘어 본뜬 것 같지 않느냐고 되물을 것이다. 그만큼 당신을 사랑하는 내 모습이 마음에 든다.

　　드라마, 동화 속 최고의 사랑은 아닐지라도 우리 둘이 함께하는 무대에서 각본 없는 연극을 하며 우리가 할 수 있는 최선의 사랑을 하고 있다고 믿는다. 나의 굳게 닫힌 마음을 열어준 사람, 이별의 아픔에 지쳐 혼자 지내는 게 편했던 내 마음속에 조심스럽게 들어와준 사람, 내 안에서 사라진 사랑에 대한 믿음의 불씨를 다시 되살려준 사람, 그런 사람이 바로 그녀였다. 사랑하는 내 모습을 되찾아준 그녀와 오래 사랑하고 싶다.

1장

천천히, 함께,
같은 방향으로

하루를 마무리하면서 이런저런 이야기를 나누던 중에 그녀가 대뜸 물었다.

"당신이 내게 처음 사랑한다고 말한 날 기억해?"

"응, 기억하지."

"그때 어떻게 사랑한다는 말을 하게 된 거야? 평소에 표현도 잘 못 한다면서."

"음…… 자연스럽게 나온 것 같은데? 사실 그때 내 마음이 어땠는지 기억이 잘 안 나."

"그렇구나……."

나의 대답에 그녀는 어두운 표정을 지으며 내게서 등을 돌렸다. 그렇게 말할 생각은 아니었는데. 곧바로 아니라고 말해주면 좋았으련만 입이 굳은 것처럼 말이 나오지 않고 어떤 행동도 할 수 없었다. 내게도 이유가 있었다. 당시 내게 과거는 지나온 흔적에 불과했다. 미래를 위해 현재를 치료하는 일이 아닌 이상 되도록이면 뒤를 돌아보지 않으려 했다. 과거에 붙잡히는 게 얼마나 괴로운 일인지 알기 때문이었다. 그래서 인상 깊은 일이나 최근의 일들만 기억하고 나머지는 쉽게 잊는 편이었다.

그런데 그녀는 아닌 모양이었다. 분위기가 냉랭해지면서 우리 사이에는 말이 없어졌다. 혹여 내가 그녀의 마음을 상하게 하진 않았나 기억해내려고 애썼으나 허사였다. 한편으로는 지금이 중요하지 과거가 그렇게 중요한가 싶어 화가 났다가 또 '아니야, 서운할 수 있지'라며 납득했다. 그야말로 감정이 롤러코스터를 탔다.

30분 동안 정적이 흘렀다. 나는 혹시나 단서를 얻으려는 요량으로 휴대전화 메신저 창을 열어 그녀와 내가 주고받은 대화 내용을 처음부터 찬찬히 들여다보았다. 거기에는 기억하고 있는 이야기도 있었고 잊어버린 내용도 있었다. 그렇게 생각을 정리하면서 말을 건네려던 차에 그녀가 먼저 입을 열었다.

"나는 말이야, 뒤를 자주 돌아보는 사람이야. 그러지 않으면 기억하고 싶은 것들이 강제로 잊히거든. 내게 소중한 추억들이 하나씩 사라져갈 때마다 나는 너무 괴로워. 그래서 아까 당신이 잘 기억

나지 않는다고 말했을 때 속상함을 감추지 못했어. 내가 휴대전화 메모장이나 SNS에 비공개로 글을 기록해놓는 이유도 기억하고 싶은 일을 잊어버리지 않기 위해서야."

"아…… 그랬구나. 나는 앞만 보는 편이라 이해를 못 했어. 지금 좋으면 됐고 앞으로 좋아질 것만 생각하고 싶어서 놓치지 말아야 할 것들에 소홀했던 것 같아. 미안해. 앞으로는 당신이 뒤를 돌아볼 때 나도 같이 멈춰서 뒤돌아볼게. 천천히 가더라도 그렇게 함께 같은 곳을 보며 걸어가자."

상대방이 소중히 여기는 것을 홀대한 대가는 크다. 그게 '우리'라는 이름을 만들어준 사랑이라면 더욱 그렇다. 행복의 모양은 저마다 다르지만 내가 사랑 덕분에 행복을 느낀다면 소중히 여기는 것들을 존중하는 자세가 마땅히 필요하다. 가끔 사랑을 명분 삼아 자신의 가치관에 상대를 끼워 맞추려고도 하는데 그건 건강한 사랑으로 보기 어렵다. 사랑하는 사람에게 정서적 폭력을 가하는 일은 상대를 전혀 존중하지 않는 방식이고 관계를 파멸로 이끄는 지름길이다. (물리적 폭력은 거론할 가치조차 없다.) 놓친 게 있으면 바로 잡고, 오해한 게 있다면 풀어야 한다. 우리는 모두 이러한 갈등 해결 방법을 알면서도 실제로는 적용하지 않는다. 사람들 대부분이 자신만의 방식, 방어기제, 상처 탓을 하며 자신의 행동이나 말을 합리화하기 때문이다.

누군가의 고민을 수없이 많이 상담해온 나도 연애할 때는 크게 다르지 않다. 대단하다 평가받는 사람들도 연애 관계에서는 마찬가지 아닐까. 연애에 대한 이상을 꿈꾸는 건 좋으나 우리가 마주하는 것들은 지극히 현실적인 것들이다. 상대의 작은 몸짓과 말투, 표정을 두고 오해하기도 하고 그러한 것에 크게 의미를 부여하기도 한다. 연인과 건강한 관계를 오래 이어나가려면 짐작하거나 넘겨짚는 태도를 지양하고 직접적인 의사 소통을 하는 용기가 필요하다. 또한 아무리 사랑하는 연인이라도 우리는 타인을 모두 알 수 없으므로 항상 노력하는 일을 소홀히 하면 안 된다.

나는 늘 다짐한다. 적어도 후회를 남기지 않기 위해 상대에게 내가 줄 수 있는 건 모두 주는 사랑을 하겠노라고, 상대를 존중하고 배려하며 함께 가겠노라고.

서로를 주인공으로
만드는 사랑

사랑에는 어떤 형태든 조건이 따른다. 이유 없이 사랑받을 수 있는 시절은 걷기만 해도 칭찬이 쏟아지던 갓난아기 시절뿐이다. 그때 우리는 대부분 온전한 사랑을 받는다. 그러다가 자라면서 점점 어떠한 자격을 갖추기를 끊임없이 요구받는데, 비극적이게도 조건에 부합하지 않으면 사랑받지 못하며 살기도 한다.

그럴 만도 한 게 우리가 몸담고 있는 세상은 철저한 경쟁 사회이고 자신의 존재 가치를 인정받으려면 성과를 내야 하기 때문이다. 따라서 그러한 시스템 속에서 살아가는 개인은 감정을 평온히 유지하기가 쉽지 않다. 때로는 앞서가는 사람을 질투하기도 하고 마음에 들지 않는 누군가를 향해 분노를 터뜨리기도 한다.

이렇듯 누군가를 질투하고 미워하게 만드는 삭막한 사회지

만 그럼에도 희망이라 이름 붙일 만한 것이 분명히 있다. 역설적이
게도 그것 또한 나 혼자서는 이룰 수 없는, 누군가가 필요한 사랑이
다. 칼럼니스트 곽정은은 현대인이 사랑하는 것에 대해 이렇게 말
했다.

"사회생활을 하다 보면 대부분 남의 뒤치다꺼리를 하잖아요.
나는 저 뒤에 있는 들러리고 주인공은 다른 사람이고 그렇잖아요.
연애를 하는 이유는 그 사람만은 나를 인생의 주인공으로 만들어
준다는 기분이 들기 때문 아닐까요?"

누군가에게 나의 모든 것을 온전히 이해받는 경험은 사랑만이
주는 특별한 선물이다. 그러한 경험으로 우리는 더 나은 사람이 되
고 싶다는 바람을 갖는다. 한 사람으로 인해 바뀌어가는 마음과 그
마음이 가득해 일상이 달라지는 기분은 사랑을 해본 사람이라면
누구나 느껴봤을 것이다.

스스로에 대한 부족함이나 타인에게 느끼는 열등감은 성과를
올리기 위한 원동력이 된다. 반면에 사랑은 상대를 있는 그대로 바
라보게 해준다. 부족한 면이 보여도 눈감아준다. 혼자서 할 수 없을
것만 같은 일에도 용기를 준다. 그렇게 상대를 존중하면서 받아들
이면 성숙한 자아로 성장할 수 있다.

안타깝지만 애정 결핍이라는 단어를 일상에서도 심심치 않게

들을 수 있다. 단어가 소비된다는 것은 무의식적으로 그것에 대한 욕망이 반영되어 있다는 의미이기도 하다. 자신을 사랑하는 것도 중요하지만 타인으로부터 채워지는 애정도 분명히 존재한다. 타인의 조건 없는 관심과 애정은 미처 알지 못했던 나의 모습을 발견하는 계기가 되기도 한다. 서로를 인생이라는 무대의 주인공으로 만들어줌과 동시에 새로운 자신을 발견하고 성장하는 사랑의 과정은 사랑이 충만할 때의 나, 결핍이 채워질 때의 나, 외롭지 않은 순간의 나의 잠재력과 자신감을 깨닫게 한다. 그렇기에 결국 사랑이란 행위는 사랑하는 이들끼리 서로를 재양육해주는 일이라 할 수 있다.

~~~~~~~~~~~

나를 알기 위한 방법들을 알고 있는 것과 실천은 다른 문제다. 우리는 생각보다 꽤 가혹하게 자신을 막다른 곳까지 몰아붙인다. 어떤 상황에서 어떤 방법이 필요한지, 그 방법을 택했을 때 나에게 어떤 변화가 느껴지는지 세심히 관찰해보자. 여기 소개하는 여덟 가지 방법들을 통해 내면의 목소리, 트라우마, 좋지 않은 기억을 들여다보고 치유하는 노력을 게을리하지 말자. 냉정하게 들릴지 모르겠지만, 스스로를 구할 수 있는 사람은 자기 자신뿐이다.

●

나답게 살기 위한 여덟 가지 방법

시간을 새롭게 발견하는 일,
여행

여행은 낯선 장소, 낯선 문화, 낯선 사람을 만날 수 있는 기회다. 여행 중에 느끼는 이질적인 감정은 자신의 새로운 모습을 발견하는 계기가 되기도 한다. 나 역시 그런 경험이 있다.

필리핀에 있는 팔라완에 갔을 때 일이다. 팔라완은 세부나 보라카이처럼 널리 알려지지는 않았지만 그렇기에 좀 더 여유로운 곳이다. 거기서 특별하고 자극적인 사건이 있었던 건 아니다. 단지 사람들의 에너지가 다르다는 걸 확실히 느꼈다. 한국에서는 서울, 특히 지하철 2호선과 9호선, 강남과 홍대, 연남동 거리 등 번화가를 오가는 사람들의 발걸음이 정말 빠르다는 생각을 자주 했다. 각자 목적지로 가는 데 정신이 팔려 내 발걸음마저 재촉하게 되는 사람들 틈에서 나는 곧잘 멍해지곤 했다.

팔라완 사람들은 전반적으로 느긋했다. 팔라완에 머무는 내내 빨리빨리 행동해야 한다는 느낌을 받은 적이 없었다. 팔라완 사람들은 '그럴 수도 있지'라는 마인드를 항상 지니고 있는 듯했고 이런 분위기는 관광객들에게도 영향을 미쳐 그 도시에 머무는 모든 사람들에게 여유를 선사했다. 같이 여행 간 동생이랑 해변에서 일몰을 본 적이 있다. 주변 사람들 모두 낮게 깔리는 햇빛을 받으며 편안하게 대화를 나누었다. 누구 하나 화내는 사람이 없고, 성급한 사람이 없었다. 그저 소중한 이들과 추억을 함께 나누고, 그 순간을 충실히 누리고 있을 뿐이었다. 이 장면은 내게 평정심을 안겨주었다.

이후에도 머릿속이 복잡할 때마다 이 일몰의 순간을 떠올린다. 그러면 이내 고요함이 찾아들면서 나를 다스릴 수 있게 된다.

이렇듯 여행은 시간의 속도를 재발견하는 일이다. 그리고 그렇게 나를 둘러싼 환경이 달라지면 새로운 내가 보인다.

있는 그대로의
'나'를 찾는 여정

나는 여행할 때 여유 속에서 그 여행의 의미를 발견하는 편이다. 원래 느긋한 성향이라 너무 빡빡한 일정을 소화하다 보면 생각이 정리되지 않고 오히려 스트레스를 받는다. 나와 성향이 다른 누군가는 이에 공감하지 못할 수 있겠지만 상관없다. "사람들은 모두 각자 다른 방식으로 배운다"라는 중국 명언처럼, 자신에게 맞는 방식으로 여행의 경험을 소화하면 된다.

여행의 가장 큰 장점은 그 순간만큼은 자신이 평소 속해 있던 집단과 자연스레 분리된다는 것이다. 그 말은 주어진 역할에서 일시적으로 벗어난다는 의미이기도 하다. 직장인, 주부, 부모, 자녀, 아내, 남편, 선배, 후배 등 사회적인 페르소나에서 자유로워지면 자연스레 '나'라는 사람에 대해 생각하게 된다. 그것은 아주 편안한 상태이며 행복한 고민이다. 만약 이 작업이 혼란스럽다면 그건 역할과 자신을 동일시하고 있기 때문이 아닐까 싶다. 여행을 떠난 장소에서 사회적 호칭이나 위치에서 벗어나 있는 그대로의 나는 어떤 사람인지 정의를 내려보면 어떨까.

비우는 일의 가치,
청소

여행은 돈과 시간을 투자해야 가능한 일이다. 이러한 여건이 갖춰지지 않으면 어려울 수 있다. 여행을 떠나기 힘든 상황이라면 대신할 방법으로 청소를 추천한다. 심리학적인 관점으로도 청소는 여행과 유사한 효과를 보인다. 그 바탕이 '비움'이기 때문이다. 여행을 떠난다는 것은 기존의 것들을 잠시 내려놓고 평소 머무르던 환경을 바꿔 기분을 새롭게 하는 것이다. 청소도 마찬가지로 물건을 버리고 정리하면서 공간을 변화시켜 마음을 환기하는 일이다.

대부분의 현대인들은 필요한 것에 비해 너무 많은 물건을 가지고 산다. 입지 않는 옷, 읽지 않는 책은 물론 언젠가 쓸 거라 생각하고 쟁여둔 물건들, 대량으로 판매해 어쩔 수 없이 사들인 냉동식품, 세일을 놓치면 안 될 것 같은 불안에 주문한 생활용품 등 당장

2장

쓰지 않는 물건들, 먹지 않는 음식들이 한정된 공간을 채우고 있다. 한번 생각해보라. 누군가의 방 안에 옷가지와 온갖 쓰레기, 읽다 만 책과 언제 쓸지 모를 물건들이 널브러져 있다면, 심한 말이지만 그 사람의 정신 상태 또한 정리되지 않았다고 봐야 하지 않을까?

물론 우리는 물건에 애착을 느끼기도 한다. 특히 나름의 의미와 추억이 있는 물건들은 버리기가 쉽지 않다. 누군가에게 받은 선물은 상대의 마음이 담겼다는 생각에, 사진이나 편지 등은 과거의 소중한 시간을 증명하는 듯해 함부로 버릴 수가 없다. 하지만 비워보면 버리는 것이 생각보다 쉬운 일이라는 걸 깨닫게 되고, 이 사소한 행위를 통해서도 홀가분함과 성취감을 얻을 수 있다.

소유욕은 누구에게나 있는 당연한 욕망이지만 이러한 욕망이 커지면 불행해지기 쉽다. 소유물이 적을수록 삶은 단순해지며 마음도 평온해진다. 주기적인 비움의 작업을 통해 공간에도, 정신에도 여유를 선물해보자.

비울수록 채워진다

"버릴 수 없다는 생각부터 버려라", "버리는 것도 기술이다"라는 비움에 관한 명언으로 유명한 일본의 미니멀리스트 사사키 후미오는 자신의 저서 『나는 단순하게 살기로 했다』에 제대로 버리는 방법을 상세히 소개하고 비움으로써 채워지는 삶의 만족감을 서술하고 있다. 그렇다면 물건을 버리고 공간을 비우기 위한 첫걸음은 무엇일까.

먼저 물건을 바라보는 사고방식 자체를 바꿔야 한다. '저 물건이 언젠가 필요할 거야', '저 옷을 입을 일이 있을지도 몰라', '저 책은 꼭 읽어야 해, 나중에'라는 생각은 물건을 쌓아놓을 구실일 뿐이다.

두 번째로, 당장 쓰거나 입거나 읽지 않을 물건은 모두 버리거나 나누거나 기부하라. 그렇게 없앤 물건이 필요한 순간이 오더라도 그 물건을 어떻게든 다시 마련할 수 있다. 빌리거나 나누어 받아도 되고, 더 간단하게는 다른 물건으로 대체할 수도 있다.

세 번째로는 비우는 일을 즐기는 것이다. 물건이 사라지면 공간이 생긴다. 넓어진 공간이 주는 여유와 한가함을 만끽하는 일은 생각보다 더 즐겁다. 공간을 활용해 평소에는 하지 못했던 요가나 스트레칭을 할 수도 있다. 작은 식물 하나를 들여놓고 초록의 상쾌함을 누릴 수도 있다. 아니, 아무것도 놓지 않고 텅 빈 공간이 주는 충만함을 즐겨도 좋다.

마지막으로, 작게 시작하라. 버리는 일이 심적으로 어려울 수도 있지만 실질적인 방법을 몰라 엄두가 나지 않는 경우도 있다. 그럴 땐 공간을 나눠 시작해보면 좋다. 오늘은 책상에 있는 물건, 내일은 침대 주변의 물건, 그다음 날은 옷장, 또 그다음 날은 책장을 정리하는 식으로 구역을 나눠 그 구역에 쌓인 물건부터 정리해보는 것이다. 작은 성취감과 개운함은 꾸준히 정리할 수 있는 동력을 제공하고 시간이 지나면 어느새 깨끗해진 방, 나아가 여백의 편안함으로 꽉 찬 집을 선사할 것이다.

움직이면 반드시 행복하다,
운동

아무것도 하기 싫은 날이 있다. 한없이 게을러져 침대에만 누워 있고 싶고 잠을 열두 시간씩 자도 활력이 없는 날 말이다. 나는 그럴 때 억지로 몸을 일으켜 밖으로 나가 잠깐이라도 산책한다. 그러고 나면 어떤 일을 할 의욕이 자연스레 생겨나곤 한다. 특히 산책, 즉 걷기는 내게 글에 대한 영감이나 사업에 대한 아이디어를 제공하는 의식과도 같은 행위다. 나를 찾아가는 과정 또한 뇌가 활성화되어야 한 걸음씩 능동적으로 나아갈 수 있다. 물론 운동을 하지 않아도 사는 데 전혀 지장이 없다고 주장하는 사람들도 있다. 그렇지만 운동은 삶의 질을 높일 수 있는 획기적인 행동이자 스스로의 잠재력을 키우는 훌륭한 수단이다. 운동이 우리에게 어떤 긍정적인 영향을 미치는지 알아보자.

운동이라는 스트레스 상황에 지속적으로 노출되면 스트레스에 대처할 수 있는 내성이 생긴다. 쥐를 대상으로 운동에 관해 실험한 결과, 운동한 쥐는 그렇지 않은 쥐에 비해 스트레스 상황에서 노르에피네프린을 적게 분비했다. 노르에피네프린은 교감신경계를 자극하는 호르몬으로 쉽게 말해 스트레스를 일으키는 원인물질이다. 요즘 사람들은 언제 어디서나 인간관계로 스트레스를 받는다. 먼 옛날에는 이 스트레스가 인간이 살아남을 수 있도록 긴장 상태를 유지하게끔 만들어주었지만, 지금은 보기 싫은 사람을 계속 봐야 하거나 하기 싫은 일을 억지로 해야 하는 경우에서 생기는 만성 스트레스가 극심해 신체적으로나 정신적으로 취약해질 수밖에 없다.

세계적인 신경과학자이자 우울증 전문가인 앨릭스 코브는『우울할 땐 뇌 과학』이라는 책에서 운동이 주는 긍정적 영향을 신체적, 정신적, 사회적으로 나눠 정리했다. 먼저 운동이 신체에 미치는 영향으로는 에너지와 활력의 증대, 수면의 질 상승과 뇌 회복의 도움, 식욕 증진을 통한 스트레스 해소와 건강 개선을 꼽았다. 또한 운동은 정신을 예리하게 만들고 계획을 세우거나 결정을 내리는 데 도움을 줄 뿐 아니라 기분을 좋게 하고 불안과 스트레스를 낮추며 자존감을 높인다고도 했다. 마지막으로 사회적인 영향으로는 세상 밖으로 나가게 해준다는 점을 들었다.

비단 앨릭스 코브뿐만 아니라 많은 신경과학자들이 운동에 대한 중요성을 강조할 때, 현존하는 어떠한 약도 그 효과를 흉내 낼 수 없는 마법의 약이라는 표현을 사용했다. 신경과학자인 다니엘 울퍼트는 뇌가 존재하는 이유는 단 하나, 움직이기 위해서라고 주장했다. 바닷속에 사는 멍게는 머무는 곳을 정하기 전까지만 뇌가 존재한다. 그리고 특정 시기에 이르러 머물 곳을 정하고 나면 더 이상 뇌를 필요 없다고 여기고 신경계와 같이 먹어버린다. 움직임이 멈추고 필요성이 사라지는 순간, 뇌는 열량만 소모하는 장식품이 되는 것이다. 인간도 마찬가지로 뇌세포가 활성화되지 않으면 사고의 속도나 의식의 확장이 무뎌진다. **운동이란 건강한 몸을 만들기 위한 목적도 있지만 우리의 뇌를 활성화시켜서 더 창의적이고 생산적으로 사고하도록 돕는 활동이기도 한 것이다.**

손가락 하나 까딱할 힘도 나지 않을 만큼 무기력한 날, 몸을 일으켜 창문을 여는 일, 몸을 씻고 거울을 보는 일부터 시작해 신발을 신고 집 근처를 십 분만이라도 걸어보자. 거창한 운동을 할 필요는 없다. 조금씩이라도 몸을 움직이다 보면 마음가짐도, 생활도 어느새 달라질 것이다.

운동에 대해 다시 알아야 할 것들

일주일 중 하루 이틀을 제외하고는 날마다 집필에 몰두하며 보낸 시기가 있었다. 열심히 작업한 건 좋았으나 몸을 돌보지 않은 탓에 생활에 지장이 있을 정도로 허리 통증이 심해졌다. 6개월 정도 한의원에 매일같이 출근 도장을 찍으며 치료를 받고 나서야 통증이 줄어 정상적인 생활이 가능했다. 통증이 좀 가시자 운동을 해야겠다 싶어 헬스를 시작했으나 시작하자마자 허리 통증이 도졌다. 근본적인 치료가 필요했다. 때마침 한의원 원장님의 소개로 실력 있는 재활 트레이너를 만났는데, 그가 바로 CFSC Certified Functional Strength Coach(펑셔널 스트렝스 코치) 자격증을 보유한 이상훈 트레이너였다. 당시 내게는 미적인 관점의 운동이 아니라 인체 고유의 기능을 살려주는 훈련이 시급했다. 이상훈 트레이너에게 훈련을 받으면서 운동에 대해 유념해야 할 내용을 구체적으로 들을 수 있었다. 독자에게도 도움을 주고자 여기에 옮겨본다.

이상훈 트레이너는 먼저 운동하기 전 알아야 할 사항을 전달했다. '생활 패턴의 중요성'이 그것이었다.

"활동이 부족하면 체형이 어느 한쪽으로 쏠리기 마련인데요, 십 분에서 이십 분 정도만 같은 자세로 있어도 근육은 굳어지려는 성향을 보입니다. 예를 들어 팔베개를 하고 옆으로 누워서 티비를 보다 보면 티비에 집중하는 동안에는 아무렇지 않다가 몸을 움직이려 할 때 팔이 아파와 '아야' 하면서 일어나잖아요. 이런 원리입니다. 힘찬 작가님도 집필할 때 모니터에 집중한 나머지 자세를 바꿔주질 않으니 몸의 특정 부위가 굳은 거죠."

"그럼 몸이 굳어 통증을 느끼는 이유가 꼭 운동 부족이 아니라 생활 패턴의 문제이기도 하네요."

"네, 맞습니다. 게다가 요즘 사람들은 잘 걷질 않아요. 가까운 곳으로 이동할 때에도 차를 타고, 건물을 오르내릴 땐 엘리베이터나 에스컬레이터를 이용해요. 엘리베이터로 주차장으로 내려와 곧바로 차를 타고 이동하는 식이죠. 주로 앉아서 하는 일을 많이 하기도 하고요. 그러니 따로 시간을 내 운동하지 않으면 몸이 굳을 수밖에 없어요. 몸이 굳은 상태에서 평소에 잘 하지 않는 큰 동작을 하면 굳은 부위에 무리가 가는 것은 당연해요."

그다음으로는 운동의 필요성을 대부분 인지하고 있어도 쉽사리 시작하지 못하고 힘들게 시작했더라도 지속하지 못하는 이유가 궁금했다.

"사람들이 보통 몸이 불편해지면 운동을 시작하잖아요. 아니면 저처럼 체력이 떨어지거나. 저도 몸의 통증을 느끼고 나서야 재활을 시작하게 됐는데요, 운동의 필요성을 잘 알고 있으면서도 왜 대부분 뒤늦게 운동을 시작하는 걸까요. 그리고 시작하더라도 지속하지 못하는 경우가 많은데 그 이유는 뭘까요."

"몸이 불편해서 오히려 운동을 못 하는 사람도 많아요. 몸이 아프거나 다치면 병원에서는 움직이지 마라, 무리하지 마라 해요. 일상생활을 하는 것만으로도 무리가 되는 사람들은 섣불리 운동을 시작할 수도 없죠. 게다가 움직임이 줄어들고, 조심스럽게 생활하는 환경에서는 몸이 저항할 수 있는 능력이 떨어지니까 통증이 더심해질 수밖에 없습니다."

"그럼 악순환이 반복되겠네요."

"그렇죠. '누적 손상 주기'라는 의학 용어가 있어요. 신체 중 어느 곳이 손상을 입어서 아픈 신호가 오잖아요? 그러면 그게 뇌로 전달이 되죠. 그럼 뇌는 어떻게 하겠어요? 그 즉시 '움직이지 마!'라고 하며 그 부위를 쓰지 말라 해요. 움직일수록 손상이 심해질 테니까요. 명령을 내리고 나면 움직임을 막기 위해 뇌가 몸과 주고받던 신호를 차단하겠죠? 그럼 뇌하고 소통이 끊기니 그 부위의 기능이 퇴화하는 거죠."

운동의 중요성만이 강조되는 사회에서 어쩔 수 없이 운동을 못 하는 사람도 있다는 의외의 사실을 알게 되었다.

다음으로 트레이너 선정 기준에 대해 물어보니 신중한 선택이 중요하다는 답이 돌아왔다.

"트레이너를 선별하는 자신만의 방법이나 기준이 필요합니다. 많은 사람들이 소위 PT라 줄여 말하는 퍼스널 트레이닝을 받아 봤을 거예요. 이 트레이닝은 운동 방법을 비롯해 건강 전반에 관한 관리를 받아야 하므로 신중하게 생각해야 합니다. 몸이 좋아 보여서 잘 가르치리라 기대하고 선택한 트레이너가 자기 몸은 잘 만드는데 남의 몸 다루는 건 잘 모를 수 있거든요."

"아무리 춤을 잘 추는 댄서라 해도 남을 가르치는 건 서툴 수 있는 것처럼요?"

"그렇죠. 그래서 잘 모르겠다 싶으면 경력이 있는 트레이너를 택하는 것도 좋은 방법입니다. 경력이 있다는 것은 이 일에 애착이 있다는 뜻이니까요. 또 관련 분야 공부를 꾸준히 하고 있는지도 확인해야 합니다. 이왕이면 내 몸에 문제가 생겼을 때 원인을 분석할 줄 알면 더더욱 좋고요."

"퍼스널 트레이닝을 받을 때 유념해야 할 점이 있을까요?"

"무엇보다 중요한 건 어느 정도 시간이 지나면 운동을 학습해서 스스로 해야지 트레이너에게 무조건 의존하면 안 된다는 것입니다. 반대로 '내가 알려주는 방법으로 계속해야 된다'라고 하면서 정보를 제한하고 본인에게 기대게끔 하는 트레이너도 경계해야 합니다. 결국에는 운동을 혼자 할 수 있어야 한다고 이야기해주고 그렇게 도와주는 게 트레이너의 역할이라고 생각합니다."

"운동이 효과를 드러내기까지 얼마나 걸릴까요?"

"사람들 대부분이 운동의 재미를 느끼기까지의 기간을 너무 짧게 잡아요. 사실 심신의 변화는 금방 나타납니다. 문제는 운동의 필요성을 깨닫고 습관화하기까지의 기간이에요. 운동을 하지 않은 기간은 몇십 년인데 고작 3개월이나 6개월 정도 하고 나서 왜 여전히 힘들고 익숙하지 않느냐고 불만을 털어놓아요. 운동은 평생 한다고 생각하고 느긋하고 꾸준하게 하는 것이 중요합니다."

"꾸준하게 할 수 있는 방법이 있을까요?"

"운동을 맹목적으로 찬양하면서 하라고만 하면 동기부여가 될 리 없겠지요. 그래서 CFSC에서도 '왜'라는 부분을 계속 세분화하라고 강조합니다. '운동을 왜 해?', '체력 기르려고', '체력을 왜 길러?', '조기 축구를 할 때 체력이 부족한 것 같아', '조기 축구회에서 포지션이 뭐야? 그 포지션에 필요한 운동 능력이 스피드야, 민첩성이야, 아니면 지구력이야?'라는 식으로 '왜'라는 질문을 계속 던지면서 운동의 필요성을 세분화했으면 합니다. 운동의 이점은 생리학적으로 무수히 많아요. 당뇨 수치도 내려가고 혈압도 낮아지고 심장과 폐도 튼튼해져요. 단순하게 허리가 아파서 운동을 해야 한다고 하면 허리 통증이 자신에게 어떤 영향을 주는지, 허리가 나으면 무엇을 할 수 있는지 구체적으로 생각해보면 좋습니다. 덧붙여 말하자면, 자신의 신체 기능을 회복시킨 후에 근육을 키울지 말지 결정하는 것도 중요하겠죠."

"트레이닝을 받으며 들은 말 중에 '장이 제2의 뇌'라는 얘기가 인상 깊었는데요. 장과 뇌가 개별적인 신체 기관이라 생각했는데 연관이 있는 줄은 몰랐어요."

"미국의 의학박사 에머런 메이어가 쓴 『더 커넥션』이라는 책을 보면 잘 알 수 있습니다. 장과 뇌의 상호작용을 설명하면서 장에 사는 미생물에 관한 정보를 전달하죠. 행복 호르몬이라 불리는 세로토닌은 체내의 80~90퍼센트가 장의 신경세포로 만들어진다고 해요. 머릿속의 뇌보다 생산해내는 양이 많아요."

"그래서 맛있는 음식을 먹으면 기분이 좋아지는 걸까요?"

"맞습니다. 우울감을 느낄 때 뇌가 호르몬의 지배를 받는다고 흔히들 생각하는데 장 건강도 영향이 큽니다. 우울한 사람들을 보면 인스턴트 음식을 자주 먹어요. 인스턴트 식품에는 섬유질이 포함된 채소가 들어 있지 않은 경우가 많아서 장내 유익균이 만들어지지 않아요. 그러니 인스턴트 음식을 많이 먹으면 장이 건강하지 못하고 세로토닌 생성도 어려워 우울한 감정을 쉽게 느끼죠. 신경정신과 의사들이 우울증 치료에 항우울제 만큼이나 식단 교정이 중요하다는 견해를 밝히는 걸 보면 결코 사소하게 생각할 일이 아니에요."

"운동만큼 식습관도 중요하다는 사실을 잘 알겠습니다. 객관적인 필요성 말고 트레이너님이 생각하는 운동의 필요성은 무엇일까요?"

"시간이 갈수록 사람들은 먹는 걸 즐기고 덜 움직일 거예요. 사회에서 받는 스트레스도 쌓여가겠죠. 이 모든 걸 해결할 방법은 운동뿐이라 생각해요. 비단 신체적인 건강뿐 아니라 우울한 감정을 관리하고 자신감과 자기애를 발견하게 만드는 것도 운동의 효과예요. 결과적으로 자존감도 높아져 더 행복하게 살아갈 수 있으니 이 정도면 운동을 하지 않을 이유가 없죠."

기한이 정해져 있는 우리 삶에서 얼마나 행복하게 하루하루, 순간순간을 살아가느냐 하는 것은 대단히 중요하다. 물론 힘들고 지치는 순간도 있겠지만 그런 순간을 어느 누가 오래 겪고 싶겠는가. 오늘보다 내일 더 건강하고 행복하려면 지금 당장 운동을 해야 한다. 운동은 당신의 모든 것을 바꿀 만한 힘이 있다. 그리고 내가 바뀌면 세상도 바뀐다.

삶이 특별해지는 경험,
독서

"제가 대학에 있을 때는 미래를 내다보고 점들을 연결하는 것이 불가능했습니다. 그러나 10년 후에 돌아보니 매우 분명히 보이더군요. 그러니 지금 여러분이 미래의 점들을 연결할 수 없는 것은 당연합니다. 그저 현재와 과거만을 연관 지어볼 수 있을 뿐이죠. 하지만 여러분은 현재와 미래가 어떻게든 연결된다는 걸 믿어야 합니다. 배짱, 운명, 인생, 카르마 등 어떤 식으로라도 믿음을 가져야 합니다. 왜냐하면 현재가 미래로 연결된다는 믿음이 여러분에게 가슴에 따라 살아갈 자신감을 주기 때문입니다. 아무리 험한 길이라 하더라도 말입니다. 그것이 인생의 모든 차이를 만들어냅니다."

애플 창업자로 유명한 스티브잡스가 스탠퍼드대학교에서 한 졸업 연설이다. 나는 이십 대 초반부터 마인드 세팅을 위해 잡스가 연설하는 영상을 지겹도록 시청했다. 이후에도 미래에 대한 확신이 희미해질 때마다 영상을 다시 보곤 한다.

현재가 점이라면 미래는 선이다. 미래는 현재의 점들이 모여 결국 완성된다. 이와 동시에 현재는 과거의 관점에서 바라보면 선으로 볼 수 있다. 아무리 가난하게 태어났다 하더라도 죽기 직전까지 그러하다면 본인에게 책임이 있다는 날카로운 지적처럼, 나의 현재 모습은 결국 과거의 선택으로 완성된 것이며 나의 미래 모습은 현재의 내가 만들 것이다.

책이라는 건 다른 사람의 경험과 통찰이 가득 담겨 있는 보물 상자와도 같다. 페이지를 펼치면 공감과 위로를 만나기도 하고, 평소에 생각했던 것에 대한 확신을 받기도 한다. 이러한 독서의 역할은 제각각 유의미한 동시에 상호보완적이기도 하다. 다만 현재 우리에게 곤란한 점이 있다면 독서를 통한 깊은 몰입이 어려운 환경에 처해 있다는 것이다. 한국의 독서량 부족 현상은 매해 심각해지고 있는데 솔직히 책 외에 재미난 콘텐츠들이 너무나 다양하니 당연한 현상이기도 하다. 물론 책 읽기가 하나의 문화로 자리 잡혔기 때문에 꾸준히 독서를 이어가는 사람도 여전히 있지만 그 숫자는 유튜브나 포털 사이트 이용자에 비하면 현저히 적다.

세상에 좋은 책이 많다는 건 그만큼 뛰어난 사람이 많다는 이야기다. 모든 주제에 관한 전문가의 지식을 책에서 찾을 수 있고, 그 비용은 결코 비싸지 않다. 어떤 문제를 해결하고 싶을 때 간단한 검색으로 답을 얻으려고 하는 건 쉬운 길이지만 남는 것은 거의 없다. 문제를 해결하는 의식이나 아이디어 같은 것들은 주어진 선택지뿐만 아니라 예상치 못한 통찰과 발견을 통해 얻어질 때도 있기 마련이다. 샤워하거나 산책할 때 번뜩이는 아이디어를 얻는 것과 같은 맥락이다. 책이라는 페이지에 적힌 문장들은 마치 보물 지도와도 같으며, 거기에는 내 사고를 숙성시켜주는 생각들이 곳곳에 숨어 있다. 다른 무언가와 멀티테스킹을 하지 않고 독서에만 몰입하고 있다면 뇌는 오롯이 문제와 해결의 자료들을 재조합하고 구성하는 작업을 하고 있을 것이다. (문학 작품이나 가볍게 읽기 좋은 에세이는 쉼을 제공할 수 있다.)

버클리대학교 교육대학원 학장 데이비드 피어슨은 독서에 대해 다음과 같이 말했다.

"독서와 작문을 지속하면 여러 조합의 전략을 얻게 됩니다. 자신이 읽고 있는 것을 이해할 수 있는 감각을 얻고 이해가 되지 않았던 어려운 내용을 습득하는 방법을 배웁니다."

독서는 평범한 사람이 천재가 될 수 있는 방법이자 노력에 날개를 달아줄 전략이다. 창처럼 날카로운 통찰을 안겨주면서도 방

패처럼 자신의 마음을 지켜주기도 한다.

처음에 언급했던 것처럼 내 인생은 어쩌면 작은 점 하나에 그칠 수도 있었다. 그러나 경험과 자기계발, 실천을 통해 점과 점을 선으로 이어 거대한 원을 그려나갈 수 있게 됐다. 지금도 그렇고, 앞으로도 스스로에게 힘을 실어줄 유일한 방법은 독서다. 물론 내 책 또한 독자에게 작게나마 영감을 줄 수 있다면 그 역할을 다한 셈이다.

좋은 독서는 건강한 식사와 같다

좋은 독서의 첫 번째 방법은 좋은 책을 선택하는 것이다. 좋은 책을 선정하는 데 일반화된 기준은 없다. 이는 지극히 주관적이다. 책이 인간의 세계관과 같다면 그 모양은 우리의 얼굴 모양처럼 가지각색일 것이다. 그러므로 정확히 알아야 할 건 본인의 취향이다. 어떤 주제에 관심이 있는지 스스로에게 질문하고 정 모르겠다 싶으면 서점에 가보자. 대형 서점이든 동네 서점이든 서점에는 독자들의 눈길을 사로잡기 위한 다양한 장치가 가득하다. 베스트셀러부터 최근 나온 신간, 주목할 만한 분야별 도서까지 매대에는 수많은 책들이 가지런히 진열되어 있다. 가볍게 읽기 좋은 에세이, 깊이 있는 문학 작품, 의욕을 고취시키는 자기계발 도서, 취미와 학습을 도와줄 잡지나 수험서 등 서점을 한 바퀴 돌아보며 끌리는 책을 찾아보고 책과 친해지면 좋다. 혹은 도서관에 가서 다양한 분야로 분류되어 있는 서가를 산책하듯 둘러보면서 읽고 싶은 책을 발견하는 것도 즐거운 일이다.

좋은 독서의 두 번째 방법은 천천히 곱씹으며 읽는 것이다. 오디오북, 팟캐스트, 유튜브 등이 떠오르면서 책을 읽어주거나 요약해주는 통로도 늘어났다. 이러한 콘텐츠는 책을 접하고 싶지만 한 권의 책을 제대로 읽기가 부담스럽거나 바쁜 상황일 때 이용하면 좋다. 물론 책을 직접 읽는 것과는 다른 행위라 봐야 한다. 글을 마주하고 한 줄 한 줄 시선을 옮겨 문장을 읽어 내려가는 독서의 힘은 생각보다 크다.

사고를 훈련하거나 글을 쓰기 위해서는 먼저 인풋이 이루어져야 한다. 읽기가 되지 않으면 쓰기는 이루어질 수 없으며 쓰더라도 사고의 지구력이 달려 오래가지 못한다. 또한 표현력이 부족해 같은 말을 반복하거나 비슷비슷한 생각과 이야기만 늘어놓게 된다. 제대로 읽는 습관은 내 생각을 분명하게 표현하고 전달하는 데 도움을 준다.

책을 읽을 때는 나만의 속도로 페이지가 넘어간다. 이는 자연스러운 일이다. 사색은 책 속을 여행하며 이루어진다. 지금 눈앞에 보이는 글을 읽으며 어떤 생각을 하고 있는가. 그걸 알아차리는 것만으로도 충분하다.

좋은 독서의 세 번째 방법은 생각을 숙성시키며 읽는 것이다. 주변에 있는 아무 책이나 가져와서 몇 페이지 읽어보라. 그다음에 책을 덮고 이완된 뇌를 잠시 쉬게 하라. 과거의 기억과 후회, 미래에 대한 걱정을 모두 내려놓고 순간에 집중하자. 차분한 음악을 틀어놓고 눈을 감아도 좋고 샤워나 목욕을 해도 좋다. 신경과학자 마커스 라이클은 2001년에 뇌영상 장비를 통해 인간이 몽상 상태에 잠겨 있을 때 뇌의 특정 부위가 활성화된다는 사실을 발견했다. 그는 인지 활동을 중단한 상태를 '디폴트 모드default mode'라고 말했다. 소위 멍 때리고 있는 상태다. 멍 때리듯 생각을 멈추면 뇌가 휴식 상태에 돌입한다. 그러면서 기존의 정보를 정리하고 재조합하는 과정이 이루어지고 그 결과 뇌 속에서는 새로운 것을 받아들일 만한 최적의 환경이 만들어진다.

멀티 테스킹이 유용한 능력으로 평가받는 요즘 세상에서 멍 때린다는 건 이질감이 들 수 있지만 그럴수록 더욱더 필요하다. 생각지도 못한 발상, 창의력은 뇌에게 휴식을 주었을 때 선물처럼 생겨난다. 책을 읽고 생각에 빠지는 것도 좋지만 종종 책장을 과감하게 덮고 생각에 잠겨보자. 지혜는 공장에서 찍어내듯 생각을 쥐어짜 나오는 게 아니라 자연스러운 흐름 속에서 발견되는 산물이다.

독서를 제대로 활용하려면 마지막으로, 읽은 내용을 다른 형태의 글로 표출해보는 것이 중요하다.

자수성가로 성공한 사람들은 독서의 중요성에 대해 입을 모아 말한다. 그리고 글쓰기를 꼭 병행하라고도 하며, 아무리 권위 있는 저자의 글이라 해도 걸러 들으라고 덧붙인다.

책의 좋은 문장을 필사해 간직하는 것도 매우 좋다. 나도 노트에 인생 문장을 수십 가지 적어놓았다. 문장들을 간직하기까지의 배경을 설명할 수 있으면 그것만으로도 이미 좋은 글이 나온다. 획일화된 글쓰기에서 벗어나 당신만의 명작에서 발견한 문장으로 당신만의 스토리를 마인드맵 펼치듯 자세히 풀어보기 바란다.

세상을 건디는 힘,
글쓰기

글을 써야 하는 이유는 정말 다양하다. 자신의 감정을 표현하거나 정리해보기 위해 글을 쓸 수도 있고, 자신의 상처를 표출하면서 카타르시스를 얻기 위해 글을 쓰기도 한다. 기획서를 작성한다거나 논문, 보고서 등 실용적인 목적으로 쓸 때도 있다. 미국의 온라인 라이프 매거진 〈덤 리틀 맨〉의 기사에서 힐링 글쓰기의 네 가지 방법을 소개했다.

첫 번째, 나를 화나게 하는 것들을 적어보라. 나를 화나게 하고, 내게 스트레스를 주는 것들을 전부 글로 옮겨보는 것이다. 이를테면 직장에서 당한 억울한 일, 내 의견을 무시하는 상대, 거리의 소음이나 불친절한 상점 직원 등의 여러 상황을 있는 그대로 써보자. 불교에서는 '분노'를, 자신의 손에 쥔 숯불을 그대로 상대방에게 던지는 행위라 정의한다. 그런 만큼 화가 나면 따라오는 말과 행동은 우리가 가장 경계해야 할 것들이다. 화가 날 때마다 무차별적으로 화를 분출하는 건 올바른 방법이라 볼 수 없다. 특히 감정은 전염되는 특성이 있기 때문에 다른 사람에게 악영향을 주는 경우가 많다. 그러니 화가 나면 그 감정을 글로 한번 적어보자. 글로 써보면 '나'와 '화'를 어느 정도 분리할 수 있다.

두 번째는 걱정거리나 근심거리를 모두 적은 다음 심호흡을 해보는 것이다. 노트에 현재 걱정하고 있는 일이나 대상을 모두 적은 다음, 노트를 덮고 심호흡을 해보자. 아예 자리에서 일어나 다른 일을 해도 좋다. 가능하다면 실외로 나가 산책을 하는 것도 좋은 방법이다. 그렇게 몇 분, 몇십 분, 몇 시간이 지나고 나서 적어놓은 것들을 다시 살펴보자. 언제 그랬냐는 듯 부정적인 감정들로부터 벗어나 있을 것이다.

세 번째 방법은 감정을 상세히 묘사해보는 것이다. 자신에게 벌어진 상황을 둘러싸고 느꼈던 감정을 묘사해보자. 그저 '기분이 나빴다', '울고 싶었다', '기뻤다'가 아니라 어떤 이유로 눈물이 날 것 같았는지, 그런 모습이 마치 어떤 경우와 같았는지 구체적으로 표현해보는 것이다. 예를 들어 이별 때문에 상처 받아 일상생활에 충실하지 못하는 자신을 보며, 마치 신체의 일부가 떨어져나간 것처럼 상실이 크다고 표현할 수 있다. 이 같은 묘사는 흔히 소설을 포함한 문학 작품에 많이 등장하니 생각이 나지 않는다면 참고해도 좋다.

네 번째는 분노, 좌절 등을 쓴 종이를 버리거나 태우는 방법이다. 자신이 써놓은 글을 다시는 볼 수 없도록 불태우거나 쓰레기통에 버리는 것이다. 시련을 극복하는 모든 과정이 그렇지만 자신을 힘들게 하는 감정을 끊고, 주어진 환경에 적응하면서 어려움을 떨치면 스스로 다시 일어설 수 있는 힘이 생긴다. 내 뜻대로 되지 않아 생기는 분노, 실패로 인한 좌절은 환대하기 어려운 손님들이다. 하지만 이러한 감정을 오히려 자신을 단단하게 하는 귀중한 자원으로 삼을 수 있다. 분노와 좌절은 좋거나 나쁨의 문제가 아니다. 그저 내가 감당하지 못하고 버거운 감정일 뿐이니 이러한 행위를 통해 자연스레 받아들이고 떠나보내도록 하자. 그렇게 행동에 옮기는 것만으로도 뇌는 어려움을 넘겼다고 인식한다. 감정은 복잡할지 몰라도 뇌는 의외로 단순하다.

글쓰기 방식은 목적에 따라 천차만별이지만 모든 활동의 기본적 요소임은 분명하다. 그중 나를 위한 글쓰기를 하려면 자신에게 맞는 방법을 선택하면 된다. 참고가 되길 바라는 마음으로 자존감을 관리하는 글쓰기 비법을 하나 더 알려주고자 한다.

"진심에서 나온 단호한 거절은, 상대방에게 맞추고 심지어 귀찮은 일을 피하려고 무심코 한 승낙과 비교하면 훨씬 가치가 있다." 마하트마 간디가 한 말이다. 즉 자신이 허용할 수 없는 범위, 용납할 수 없는 부분, 절대로 양보할 수 없는 기준이 있어야 한다. 그러니 자신만의 기준에 대해 한번 써보도록 하자. 우리가 감정으로부터 늘 뒤통수를 맞는 이유는 대상을 둘러싼 감정의 정체를 잘 알지 못하기 때문이다. 그러므로 분노라는 감정 역시 그 대상에 대한 이해와 나에 대한 이해가 이루어진다면 쉽게 다룰 수 있다. 심리학자들은 분노라는 감정에 대해 입 모아 말한다. "화가 난다는 감정은 자신의 영역이나 한계를 설정하고 침입자를 내쫓는 데 사용하는 감정이다." 화가 나는가? 그렇다면 기억하자. 분노는 침입하는 바이러스를 쫓아내는 항체와 같은 역할을 한다는 것을.

칭찬은 셀프,
긍정 일기 쓰기

자존감에 관한 글쓰기 강좌를 진행하던 중에 한 수강생이 말했다. 자신은 일기를 꾸준히 쓴 지 3년째인데 계속 써야 하나 말아야 하나 고민이라는 것이었다. 자신을 위해 쓰기 시작한 일기가 자신의 하루를 인위적으로 꾸미거나 부풀리는 내용으로 점점 바뀌었다고 했다. 게다가 어떤 날에는 좋지 않은 일로 생긴 부정적인 감정을 일기에 풀어낸 후에 곧바로 자신을 책망한다고 했다. 강의를 시작하자마자 나온 얘기라 그날은 그 사연으로 강의의 운을 뗐다.

내가 수강생들에게 반드시 권유하는 것 중 하나가 바로 '긍정 일기 쓰기'다. 긍정 일기 쓰기는 하루 일과 중 스스로를 칭찬할 만한 일을 발견하는 것이 핵심이다. 아무리 눈을 씻고 찾아봐도 칭찬

거리가 없는 것 같은 하루라 해도 유심히 떠올려보면 그렇지 않다. 물론 내가 없었더라면 되지 않았을 일들, 내 덕에 일이 잘 풀린 경험이라면 긍정 일기로 쓰기 더할 나위 없이 적합하겠지만 이런 일들이 누구에게나, 매일같이 일어나지는 않는다. 그러므로 소소한 일에 가치를 두는 편이 좋다. 요리를 해서 맛있는 밥을 먹었다면 칭찬하자. 하루 한 시간 산책을 했다면 그것 또한 칭찬할 일이다. 가까운 누군가에게 감사와 사랑을 표현했다면 그것도 칭찬받아 마땅하다. 이렇듯 찾아보면 우리의 하루에는 우리 스스로를 칭찬할 만한 일들이 많다. 아무리 작은 일이라도 일기로 쓰고 나면 긍정 일기 쓰기의 효과를 누릴 수 있다. 이때 중요한 것은 손으로 일기를 써야 한다는 점인데 그렇게 해야 하는 이유가 있다.

손으로 글씨를 쓰는 행위는 뇌를 활성화시킨다. 하버드 의대 교수인 페리 칼라스는 〈뉴욕타임스〉에 "우리의 뇌는 말 그대로 종이에 글씨를 쓰면서 자란다"라고 언급한 바 있다. 워싱턴대 교육심리학과의 버지니아 버닝거 교수 역시 손 글씨에 대해 이렇게 주장했다. "손 글씨는 생각하는 방식을 배우는 과정이다. 누르기만 하면 완성되는 키보드나 터치패드와 달리 손 글씨는 끊임없이 우리 뇌를 집중시키고 단어의 조합을 생각하도록 한다. 손 글씨로 단어 하나를 적으면 정확한 철자 하나하나와 글자 크기에도 집중하게 된다. 다음 철자를 어디서 시작해야 할지, 얼마나 띄워야 할지를 끊임없이 계산하고 집중하는 과정에서 우리의 생각도 발전한다."

그렇다면 왜 '긍정' 일기여야 할까. 요즘에는 책뿐만 아니라 SNS와 유튜브 등 다양한 통로로 좋은 말이나 강의를 쉽게 접할 수 있다. 하지만 대부분 돌아서면 잊힌다. 그것이 크게 와닿지 않는 이유는 그 의미를 제대로 곱씹어보지 않아서다. 우울이라는 감정의 소용돌이에 빠지면 쉽게 헤어 나오지 못하는 것처럼 긍정의 힘도 마찬가지다. 긍정이라는 감정에 집중하면 생각보다 훨씬 더 쉽게 자신감과 자존감이 생겨난다. 그러므로 긍정 일기를 쓰면 긴가민가했던 나의 장점이나 강점이 극대화되는 효과가 있다. 긍정 일기를 쓰는 행위는 자신에게 격려와 지지의 메시지를 보내는 신호이자 일종의 칭찬 과정으로 심리적 측면에서는 설득과 유사하다. 그러니 스스로에게 납득할 수 있는 신호를 보내야 한다.

자신을 칭찬하는 것에는 두 가지 방법이 있다. 첫째, 자신이 좋아하거나 인정받고 싶은 포인트를 구체적으로 서술해보는 것이다. 예를 들어 '전에는 몸이 마른 게 콤플렉스였는데 꾸준히 홈트레이닝을 한 결과 복근까지 생겼다'라는 식이다. 운동을 그다지 좋아하지 않는 나도 성취감을 통해 나 자신에게 칭찬을 건네면서 운동을 꾸준히 하기 위한 자신감을 얻고 있다. 둘째, 격려와 지지를 하는 이유, 즉 근거를 내세우면 된다. 맹목적인 칭찬이 와닿지 않는 이유는 납득할 수 없기 때문인데 이때 구체적인 근거를 대면 이야기가 달라진다. 구체적인 근거를 대면 아리송했던 것들이 '아, 정말 그런가?' 하는 믿음으로 바뀐다. 그리고 이러한 성취가 거듭되다 보면 마침내 견고한 자기 확신이 생긴다.

오늘부터라도 스스로를 칭찬하는 긍정 일기 쓰기를 시작해보자. 일기 쓰기의 구체적인 방법은 간단하다. 먼저 '행복한', '상쾌한', '영감 받은', '열정적인', '벅차는', '설레는', '자랑스러운', '경이로운', '평화로운', '활기찬', '뿌듯한', '관심 있는', '즐거운', '기쁨', '몰입', '확신', '발견', '꿈', '행운', '생생한', '감사한', '용서'와 같은 단어들로 구성된 글을 한 편 써보자. 그리고 그 단어를 구체적으로 드러낼 수 있는 에피소드를 풀자. 마지막으로 그 안에 숨어 있는 메시지를 찾아보면 긍정 일기 쓰기가 완성된다.

마음의 일렁임을 알아차리기,
명상

초 단위로 수많은 정보와 콘텐츠, 뉴스, 연락 등이 업로드되는 세상은 가만히 보면 꽤 정신 사납다. 전 세계인이 가장 많이 이용하는 어플일 유튜브부터 지인에게서 메시지가 쏟아져 들어오는 카카오톡, 실시간으로 타임라인이 갱신되는 트위터, 새 글과 그에 따르는 댓글이 끊임없이 새로고침되는 페이스북, 이미지를 중심으로 감성을 자극하는 인스타그램까지. 콘텐츠의 홍수 속에 익사하지 않는 게 이상할 정도다. 어디 그뿐인가. 살면서 불가피하게 맺어야 하는 대인관계 역시 때로는 스트레스를 유발하는 골칫거리일 때가 많고 직장 생활이나 학업 등으로 인한 스트레스 또한 우리의 정신을 좀먹는 원인이 되기 십상이다.

그래서일까. 요즘 많은 사람들에게 명상이나 디톡스 등 힐링을 다루는 콘텐츠가 주목받고 있다. 그런데 이러한 방법이 정보가 휘몰아치는 현대사회에서 과연 효과가 있을까? 멀티태스킹을 요구하는 사회에서 눈앞의 순간에 집중하기란 쉬운 일이 아니기 때문이다.

하지만 나는 명상의 효용성을 긍정적으로 본다. 마음챙김과 같은 명상은 자신의 생각을 관찰하고 지금 이 순간에 집중하기 위한 훈련이다. 감정 소모와 집중이 필요할 때 에너지를 적절하게 사용할 수 있도록 생각을 비우고 기를 모으는 작업이라 볼 수 있다. 소위 말하는 잡생각, 잡념은 살아가면서 필연적인 것이라 명상을 한다고 사라지진 않는다. 나 또한 명상할 때, 생각이 쉴 틈 없이 몰아치는 경험을 하지 비워진다는 느낌을 받은 경우는 적었다. 생각이 사라진다는 건 명상에 관한 고정관념이자 편견이다. 명상은 생각을 없앤다기보다는 수용과 인지, 그리고 스트레스를 관리하는 면에서 효과를 발휘한다.

『당신의 삶에 명상이 필요할 때』의 저자 앤디 퍼디컴은 책에서 "명상은 마음을 통제하려 애쓰지 않고 한 걸음 물러나 수동적으로 주의 집중하는 법을 익히면서 그와 동시에 마음을 자연스러운 알아차림 상태에 두는 과정이다"라고 말한다. 이는 자신과 타인을 이해하는 것과 관련이 있는데, 그는 이때 자각을 강조한다. 자신이 어떻게 행동하고 말하고 생각하는지 조용히 호기심을 가지고 살피며 알아차리기 위해 스스로를 관찰해야 한다는 것이다. 이 말은 마인드풀니스 명상 창시자인 존 카밧진 박사가 명상을 "의도적으로 지금 이 순간에 비판단적인 특정한 방식으로 주의를 기울이는 것"이라 주장한 것과 일맥상통한다.

그렇다면 자신의 마음을 살피는 게 왜 중요할까? 우리 정신이 꽤나 산만하기 때문이다. 산만하다 못해 마음을 차분히 가라앉히는 일조차 어렵다. 생각은 흩어지고 주의는 흐트러져 집중력 또한 쉽게 떨어진다. 유도 명상 전문가 타라 브랙은 명상이 필요한 이유에 대해 이렇게 설명한다. "명상이 필요한 이유는 간단하다. 지금껏 우리는 관심을 이곳저곳으로 흩어지게 하는 근육을 주로 단련해왔기 때문이다. 명상의 99퍼센트가 딴생각으로 이루어지는 건 자연스러운 일이다. 중요한 건 나머지 1퍼센트다."

명상은 자신의 생각, 감정을 알아차리는 일이다. 그 다음에 몰입을 하면 성공이다. 나무를 베는 데 한 시간이 주어진다면, 먼저 도끼를 가는 데 사십오 분을 쓰겠다는 미국 대통령 에이브러햄 링컨의 말처럼 명상은 하루를 힘 있게 보내기 위한 준비 운동이라 봐도 무방하다. 또한 일을 창의적으로 해내기 위한 두뇌 스트레칭이기도 하며, 스트레스에 대처하는 유연성을 기르는 방법이기도 하다.

시원하게 마음 스트레칭

종교적이거나 영적인 활동으로 여겨 접근하기 쉽지 않았던 과거와는 달리 현재는 많은 유명인들이 창의성을 돋우거나 휴식을 취하는 방법 중 하나로 명상을 활용하고 있다. 덕분에 사람들의 명상에 관한 인식도 크게 달라졌다. 특히 다양한 매체의 발달로 음성이나 영상을 통해 명상의 방법을 더 쉽게 접할 수 있게 되면서 누구나 명상을 하는 데 거리낌이 없어졌다. 여기에서는 상황에 따른 명상 방법을 간략하게 전달하고자 한다.

1. 피로가 쌓였을 때 하는 명상

명상의 기본만 안다면 언제 어디서든 몸과 마음의 긴장을 푸는 명상을 할 수 있다. 처음에는 조용하고 쾌적한 장소에서 시작하는 게 좋다. 습관이 된다면 직장이나 버스 등 장소를 불문하고 명상을 시도해볼 수 있다. 먼저 눈을 감고 숨을 깊이 들이마시고 길게 내뱉는다. 현재 나에게 일어나는 생각이나 감정, 느낌에 집중해 알아차린다. 생각을 애써 떨쳐내려 하지 말고 들이마시고 내쉬는 숨에 집중하면서 생각하고 있다는 사실 그 자체를 알아차리려 노력한다. 깊은 호흡을 반복한다.

2. 잠이 오지 않을 때 하는 명상

쉽게 잠이 들지 못할 때에는 잠자리에 누워 할 수 있는 보디스캔이 효과적이다. 머리끝에서부터 이마, 귀, 눈꺼풀, 코, 턱, 목, 어깨, 두 팔, 가슴, 배, 엉덩이, 허벅지, 종아리, 발끝까지 몸 전체를 스캔하듯 머릿속으로 그려보며 해당 부위를 의식한다. 불편한 기분이 들어도 생각을 멈추고 몸에 집중한다. 숨은 편안하게 들이쉬고 내쉰다.

3. 스트레스가 심할 때 하는 명상

스트레스가 심할 때는 걷기 명상을 추천한다. 숨을 편안히 쉬면서 너무 빠르지도, 너무 느리지도 않은 속도로 걷는다. 걷는 방법이나 모습에 신경 쓸 필요는 없다. 다만 호흡과 함께 걷는 행위에 집중해야 한다. 한쪽 발을 내딛고 굴러 뒤로 보내고 또 다른 발을 내딛고 굴러 뒤로 보내는 단순한 동작에 집중한다. 소란스러운 마음이 점차 가라앉는 것을 느낄 수 있다.

멈춰도 괜찮아,
휴식

전작의 제목이 '오늘은 이만 좀 쉴게요'인 만큼 휴식 방법에 대한 질문을 적지 않게 받는다. 인터뷰, 강연 등을 비롯해 다양한 곳에서 꾸준히 질문이 들어오는데 그 덕에 잘 쉬는 법에 대해 깊게 생각해 보게 되었다.

어릴 적 나는 가정환경 탓에 자존감이 낮고 회피 성향이 강했다. 현실을 잊기 위해 게임이라는 온라인 세상으로 도망쳤으며 스트레스를 받으면 잠으로 풀었다. 게임을 하는 도중이나 자고 일어났을 땐 고민에서 벗어난 기분을 느꼈지만 그것이 반복되면서 객관적인 자기 성찰을 하지 못한 채 방어적 태도만 지니게 되었다. 이런 연유로 나는 근거 없는 낙관주의자 상태에서 좀처럼 달라지지 못했다. 쌓인 감정을 풀고 스트레스를 해소하는 방법이 건강하지 않았을 뿐더러 나만의 방법을 찾기까지 시간이 걸렸다. 스스로를 잘 쉬는 상태에 머무르게 하는 것. 그것은 더 잘 일하기 위해, 더 잘 관계 맺기 위해 반드시 필요한 일이라는 것도 뒤늦게 깨달았다. 늦게라도 깨달은 덕분에 아마 지금 이 글을 쓰는 순간도 그렇고 앞으로도 쉼의 방법에 대해서 꾸준히 연구할 듯하다.

보통 휴식을 취한다고 하면 일이든 집안일이든 아무것도 하지 않아야 한다고 생각한다. 그러나 가만히 있는 것을 어려워하는 사람도 있다. 그런 사람들은 가만히 있으면 괜히 나태한 사람이 된 것처럼 느끼고 자책한다. 일을 하지 않으면 먹고사는 것에 대한 불안, 공부를 하지 않으면 뒤처질 것 같은 불안, 운동을 하지 않으면 순식간에 살이 찔 것이라는 불안 등에 시달려 잠시라도 가만히 있지 못한다. 반대로 불안한 마음을 느끼면서도 아무것도 하지 않는 사람도 많다.

오늘날은 사방에 정보가 넘쳐나고 한순간도 쉴 틈 없이 누군가와 연결되어 있다. 그런 만큼 인간관계, 진로, 경제 등 다양한 고민, 이어지는 선택과 결정의 순간에서 벗어나기 어렵다. 하다못해 한 끼 식사를 하더라도, 사소한 물건 하나를 사더라도 조금이나마 좋은 선택을 하기 위해 고민한다. 또 메뉴나 상품을 선택하는 것뿐만 아니라 온라인상에서 끊임없이 연락을 주고받고 내 상태를 게

시하거나 타인의 상태를 점검하기도 한다. 그 과정에서도 수많은 정보가 주입된다.

이런 감정 소모가 이어지다 보면 정작 집중해야 할 때 에너지가 생기지 않는다. 저녁이 되기도 전에 심신이 지친다. 이런 현상을 거부하고자 미디어를 아예 접하지 않는 사람도 있고, 개인을 위한 큐레이션 등을 활용하는 사람도 있다. 매일 동일한 코디로 옷을 입는 것도 그러한 행동의 일환이다. 뉴욕의 광고 에이전시에서 아트 디렉터로 일하는 마틸다 칼은 3년간 같은 옷차림으로 출근하는 이유에 대해 〈하퍼스 바자〉에 기고한 바 있다. 마틸다는 업무를 하며 하루에도 몇 번씩 창조적인 결정을 내리는 게 스트레스라 선택하는 일을 하나라도 줄이기 위해서 매일 같은 옷을 입는다고 설명했다. 하루 일정이나 식단표 등 루틴을 만들어놓고 생활하는 운동선수나 연예인도 비슷한 사례로 볼 수 있다. 사람들의 이러한 노력은 일상에서 우리가 얼마나 많은 선택을 하는지를 보여준다. **끝없는 선택의 기로에서 피로감을 느끼는 현대인들은 환경을 바꾸는 방식으로 스트레스를 줄이면서 휴식을 취할 수 있는 틈을 만들어야 한다.**

나는 일과를 마치면 주로 걸으며 휴식을 취한다. 딱히 어디를 가려는 목적보다는 걷기 자체를 즐긴다. 걸으며 주위 풍경이나 하늘을 감상하는 일은 뇌를 쉬게 하고 마음에 평온함을 준다. 자연을 바라보는 일도 좋아하는데 특히 대중교통을 이용해 다른 지역으로 출장을 갈 때면 반드시 창가 자리에 앉는다. 그러고는 이동하는 내내 창밖을 바라본다. 그렇게 나의 의식을 자연에 맡기다 보면 아무 생각이 들지 않는 순간이 있다. 그저 햇빛과 구름이 보일 뿐이다. 바다에 가서도 마찬가지다. 잔잔한 파도 소리와 푸르스름한 물결을 보고 있으면 그 순간만큼은 모든 생각이 멈추면서 머릿속이 편안해진다. 도시에서 이런 상태를 경험하고 싶다면 가사 없는 뉴에이지나 클래식 음악을 틀어놓고 아무 생각이 들지 않게끔 의도적으로 환경을 조성하면 된다.

뇌를 쉬게 해야 하는 이유는 책 『정리하는 뇌』에 잘 나와 있다. 저자인 대니얼 J. 레비틴이 말하길, 우리가 몽상을 할 때 뇌가 진짜 휴식을 취한다고 한다. 바닷가 모래사장에 앉아 여유를 즐기거나 날씨가 맑을 때 푸른 하늘을 바라보는 것 등이 진정한 휴식이다. 즉 내부에 끝없이 이어지는 생각을 외부에 맡겨 자연스러운 상태를 유도하는 것이다. 이는 한 가지 생각에 집중하지 못하기 때문이 아니라 뇌에서 어떤 생각도 요구하지 않기 때문에 생기는 현상이다. 이러한 원리를 알고 있으면 어떤 장소에 있든 뇌를 쉬게 할 수 있다. 공간과 시간의 제약 없이 언제라도 마음을 가라앉히고 휴식을 취하는 것이다. 이때 중요한 것은 몽상에 잠길 수 있는 요인을 발견하는 것, 멍 때리는 시간을 의도적으로 확보하는 것이다.

나는 스트레스를 받아도 오래 가지 않고 빠르게 풀리는 타입인데 가만히 생각해보면 이러한 몽상을 알게 모르게 실천해온 덕분이 아니었나 싶다. 이 사실을 깨닫게 됐을 때 참 신기했다. 어쩌면 우리는 모두 저마다의 휴식 방법을 이미 실천하고 있을지 모른다. 그 방법이 어떠한지, 몸과 마음을 이완시키며 잘 쉬는 방법인지 이따금 점검해볼 필요가 있다.

생각을 멈추고 나에게 집중하기

쉰다는 것은 사람에 따라 다르다. 어떤 사람은 격렬한 운동을 하며 쉰다고 생각할 수도 있고 또 누군가는 더 이상 잠이 오지 않을 때까지 자고 일어나는 것을 쉼이라 여길 수도 있다. 공통점은 바쁜 일상에서 벗어나 평소와는 다른 시간을 보내며 나 자신에게 집중하는 것이다. 이런 방법 중 몇 가지를 소개한다.

1. 휴대전화를 끄고 시간 보내기

요즘 사람들에게 손에서 휴대전화를 놓는 일은 굉장히 낯설고 쉽지 않을 게 분명하다. 그렇지만 끊임없이 받는 연락과 SNS 계정 업로드에서 벗어나 보면 생각보다 불안하지 않고 아무 일도 일어나지 않으며, 오히려 평온함을 느낄 수 있다. 급하고 중요한 일은 미리 처리하고 그래도 연락을 놓치는 일이 신경 쓰인다면 예측 가능한 상대에게 양해를 구하는 방법도 있다. 어떤 전자기기도 들여다보지 않고 한 시간을 보내본 뒤 점점 시간을 늘려나가는 방법을 취하자.

2. 자연과 함께하기

자연이 주는 위안은 생각보다 크다. 공기 좋고 조용한 숲속에서 바람을 느껴보거나 탁 트인 바닷가에서 파도소리에 귀를 기울이면 복잡했던 머릿속이 잠잠해지는 경험을 누구나 해봤을 것이다. 환경 전문 저널리스트인 플로렌스 윌리엄스는 『자연이 마음을 살린다』라는 책에서 자연에서 보내는 시간이 우리의 인지와 심리에 생각보다 훨씬 크고 뚜렷한 영향을 남긴다고 말한다. 윌리엄스는 최신 과학 연구와 실험을 통해 자연이 인간에게 미치는 긍정적인 영향을 알아보고 우울증을 비롯해 각종 정신적·신체적 질환을 낫게 하는 데 자연이 얼마나 중요한지 역설한다. 그러므로 가까운 산이나 공원을 자주 방문해 자연의 기운을 받는 일을 게을리하지 말아야 한다.

3. 요리하기

맛있는 음식을 먹으면 기분이 좋아진다. 그렇다면 음식을 만드는 일은 어떨까? 내가 아는 사람 중엔 정신이 사나울 때 요리를 하며 마음을 달랜다는 이가 있다. 요리를 하면 재료 손질부터 완성까지 그 요리의 순서만 오롯이 생각하게 된다. 다른 잡생각이 끼어들 틈이 없어 어느새 마음이 고요해진다. 그렇게 요리를 완성하면 그 순간 성취감도 얻을 수 있다. 완성된 요리를 맛있게 먹으며, 또 내가 만든 요리를 맛있게 먹는 상대의 모습을 보면서 느끼는 행복감은 덤이다.

내일의 나를 만들다,
코칭

처리해야 할 일을 미루거나 좋지 않은 상황을 모른 척하는 일은 누구나 해봤을 것이다. 그러나 그런 행동이 한두 번이 아니라 습관처럼 반복된다면 그것은 일종의 성향이자 정신적인 문제로 봐야 한다. 정신치료가이자『정신력의 기적』의 저자인 단 카스터는 회피가 인간의 욕망 중 하나이기 때문에 자연스러운 일이라 했다. 물론 그렇다고 회피라는 감정을 합리화하는 것은 아니다. 다만 카스터는 회피란 생명의 위협을 느꼈을 때 온 힘을 다해 도망치는 본능과도 같다고 했다. 혹은 실패의 경험을 겪었을 때 좌절을 마주하기 어려워 일단 외면하는 것인지도 모른다고 분석했다.

회피가 반복되는 상황에서 필요한 것은 현재 상태를 직시하는 힘과 분석을 위한 통찰이다. 현재 머물러 있는 위치를 점검한 후에 나아가야 할 길을 정해야 한다. 괴롭다고, 막막하다고 피하기만 하면 그 문제는 산더미처럼 커져 삶을 점점 침식해갈 것이다. 내가 심리상담학을 배우고, 그중에서도 코칭을 집중적으로 배운 이유가 여기에 있다. 현실을 마주할 용기, 미래 지향적인 태도, 무엇보다 나의 삶을 지탱해주고 비즈니스에 날개를 달아줄 도구가 필요했다.

코칭이란 '개인이 지닌 능력을 최대한 발휘하여 목표를 이룰 수 있도록 돕는 일'을 가리킨다. 트라우마를 경험했던 나는 왜곡된 수용에서 벗어나고 싶었다. 스스로를 무의식적으로 지키고자 하는 회피 성향 탓에 끊임없이 도망치는 것을 멈추고 문제를 마주하고 싶었다. 건강한 마음과 이성을 지닌 보통의 사람이 되고 싶었다. 남을 공격하거나 자신을 폄하하는 게 아니라 자신을 되돌아보며 탐색하고 이해할 수 있는 사람이 되길 간절히 바랐다. 모든 사람이 가능성을 가지고 있다는 코칭 철학은 내게 용기를 심어주었다. 불행하고 무미건조하게 삶을 바라보던 내게 더 이상 그렇게 살지 말라며 희망을 건네준 친구와도 같았다.

그렇다면 셀프 코칭을 통해 무엇을 할 수 있을까. 핵심은 피드백이다. 나 또한 끊임없이 스스로에게 피드백했다. 내가 소속되어 있는 한국융합코치협회 대표인 곽동현 코치의 말에 따르면, 피드백은 반성이나 과제 수행, 느낀 점을 말하는 게 아니라 자기 분석을 통해 다시금 힘을 얻게 되는 방법이라 했다. 피드백이란 단어에서 '피드feed'는 '영향을 주는 것'이고 '백back'은 '되돌려 받는 것'이므로 결국 피드백이라는 말은 '결과의 내용을 분석하여 다시 원인에게 영향을 주는 방식으로 변화시키는 것'이라 할 수 있다. 의미를 조금 더 물리학적으로 확장하면 입출력 시스템에서 출력에 의해 입력을 조정하여 증폭시킨다는 뜻이다.

생각해보면 나의 삶이 그러했다. 가난에 찌든 상태로 빚까지 있던 무일푼에서 스물다섯 살에 월 1천만 원의 수익에 도달하고 스테디셀러 작가가 됐다는 것 자체가 굉장히 놀라운 일이었다. 과거에는 긍정의 이야기에 귀 기울이는 것이 최면을 거는 것뿐이라고 여겼다. 하지만 흔들리지 않고 어느 정도 바로 설 수 있게 되자 생각이 달라졌다. 들릴 듯 말 듯 작았던 내면의 소리, 강점의 신호들을 내 안에서 점점 키울 수 있게 만들어준 건 셀프 토크와 셀프 코칭이었다. 변화하려면 당연히 실행에 옮겨야 한다. 모든 이론의 핵심은 실천에 있으며 그걸 해내는 사람이 결국 이루어낸다. 자기계발 도서가 끊임없이 소비되는 이유 또한, 동기부여가 필요한 사람이 많기 때문이다.

내가 원하는 것을 알고 현실에 집중해야 한다. 스스로를 격려하며 자신이 가진 자원을 되돌아보는 과정을 거쳐야 한다. 그리고 그러기 위해 코칭이 필요하다. 그렇다. 코칭은 원하는 미래를 만들기 위해 결국 실천해야 할 것들과 대화하는 강력한 도구다.

나만의 답을 찾다

자신에게 무궁무진한 가능성이 있다고 믿고, 실행에 옮길 수 있는 용기만 있다면 누구든 혼자서도 스스로를 코칭할 수 있다. 코칭은 더 나은 미래를 살고 싶은 사람 모두에게 필요한 기법이다. 코칭은 스스로 깨닫고 답을 찾는 도구다. 코칭 방법을 터득해놓으면 생각을 효율적으로 정리하고, 목표를 향해 나아가는 데 도움이 된다.

코칭의 시작은 '질문'이다. 동기부여 강사이자 커뮤니케이션 컨설턴트인 도로시 로즈는 『질문의 7가지 힘』이라는 자신의 저서에서 질문이 가진 힘을 일곱 가지로 설명한다. "질문을 하면 답이 나온다, 질문은 생각을 자극한다, 질문을 하면 정보를 얻는다, 질문을 하면 통제가 된다, 질문은 마음을 열게 한다, 질문은 귀를 기울이게 한다, 질문에 답하면 스스로 설득이 된다"라는 내용이 그것이다.

무언가에 도전할 의지나 실행력이 부족하다면 질문을 통해 다른 관점을 발견하는 것만으로도 상당한 도움이 된다. 질문할 때에는 '예', '아니요'라는 대답으로만 끝나는 폐쇄형 질문이 아니라 적어도 두 가지 이상의 대답이 나올 수 있는 개방형 질문을 해야 한다. 예를 들어 '나는 성공하고 싶은가?'라는 질문보다는 '나는 무엇을 원하는가', '나는 어떤 삶을 원하는가'라는 질문의 범위가 넓다. 사업을 성공하려면 아이템을 개선할 수많은 아이디어가 필요하듯 내 삶에서 개선해야 하는 문제도 마찬가지다. 최고의 해답보다는 최선의 방법을 찾길 원한다면 수많은 개방형 질문을 던져 지금 나의 현실에 적합한 방식, 더하고 빼는 과정을 통해 나만의 결론을 이끌어내야 한다.

코칭을 시작하려는 사람이 가장 쉽게 할 수 있는 방법이 바로 'GROW 모델'이다. 이 기법은 Goal(목표), Reality(현실 또는 장애물), Options(대안 또는 해결할 수 있는 외적·내적 자원), WIll(실행 계획)의 머리글자로 만들어진 용어다. 이 기법을 나에게 적용한 사례를 여기에 소개한다.

2장

• 코칭 시기 : 2020년 초

• 코칭 대상 : 본인

• 코칭 동기 : 2020년 초에 나는 몹시 불안정한 상태였다. 새로운 개인 사업을 시작했는데 사업과 작가 생활을 동시에 해나갈 수 있을지 걱정스러웠다. 부정적인 생각에 사로잡혀 초조하고 막막했다.

• 코칭 주제 : 사업을 잘할 수 있을까?

• 코칭 질문과 답
질문1 : 내가 하려는 사업이 정말 나를 위한 걸까?

대답 : 나는 안정성을 추구하는 사람이다. 따라서 기존 방식대로 사는 게 편하겠지만 급격하게 변하는 세상의 흐름에 맞추려면 나 또한 성장해야 한다고 생각한다. 그래서 지금 하는 일을 확장하고 싶어 개인 사업을 시작했다. 안정적인 삶을 보장해주는 건 지금 순간에 머무르는 게 아니라 나아가는 것이라 판단했다.

질문2 : 그렇다면 지금 이 사업에 대한 불안한 감정을 어떻게 바꾸면 좋을까? (내가 원하는 것은 무엇일까?)

대답 : 사업에는 늘 위험 요소가 있다. 하지만 내가 하는 일은 온라인 콘텐츠를 기반으로 하는 무자본 창업의 형태이기 때문에 리스크가 적다. 그러니 사업이 잘되지 않아도 금전적으로 큰 손해를 보지 않는다. 물론 내 시간과 노력이 소모되겠지만 그 과정에서 배우는 것이 있을 테니 무조건 손해는 아니다. 그렇게 생각하면서 불안감을 즐겁게 일할 수 있는 마음으로 바꾸고 싶다. 즐겁게 일하고 배우면서 사업을 성공시키면 내가 하고 싶은 일을 할 수 있다.

질문3 : 내가 하고 싶은 일과 현재 하려는 사업이 무슨 상관이 있는가? (궁극적인 목표와 현실이 연관이 있는가?)

대답 : 나는 경제적 자유를 거머쥔 작가가 되고 싶다. 물론 글을 평생 쓸 생각이지만 글을 쓰는 일로 돈을 버는 것 이상으로 더 잘살고 싶은 마음이 크다. 금전적인 문제로 더 이상 고민하지 않고 마음껏 글을 쓰고 싶다. 그리고 돈을 많이 벌면 가보지 못한 세상과 새로운 사람들을 만날 수 있다.

질문4 : 그렇다면 지금 하는 사업은 작가로서 잘되기 위한 과정이라 볼 수 있나? (목표 확인)

대답 : 그렇다. 나는 자유로운 예술가가 되고 싶다. 자본주의 사회에서 이 목표를 이루려면 돈으로부터 자유로워져야 한다고 믿는다.

질문5 : 무엇으로 사업이 성공했다는 사실을 보여줄 생각인가?

대답 :『타이탄의 도구들』이라는 베스트셀러를 쓴 팀 페리스가 "성공은 복잡하지 않다. 그냥 1천 명의 사람을 지극히 행복하게 만들어주는 것에서 시작하면 된다. 진정한 팬이란 '당신이 만드는 건 뭐든지 사주는 사람들'로 정의할 수 있다. 어떤 것이든, 당신이 만든 거라면 사주는 골수 팬. 그런 사람들이 진정한 팬이다"라고 말했다. 그래서 먼저 내가 제공하는 서비스를 사랑해주는 1천 명의 고객, 팬을 확보하고자 한다. 창작하고 싶은 소설이나 만화가 있지만 그 전에 내가 쓸 수 있는 책은 모두 써보고 싶다. 그렇게 하다 보면 브랜드 가치가 만들어질 것이고 이게 어쩌면 내가 운영하는 회사의 방향

과 맞아떨어질지도 모른다.

질문6 : 브랜딩을 위해 할 수 있는 일은 무엇인가? (대안 마련)

대답 : 첫 번째는 미루고 있던 유튜브와 블로그를 시작하는
것. 내가 아는 노하우와 통찰을 제공하면서 가치관과 신념을
드러내려 한다. 두 번째, 현재 계약한 책들을 집필하는 것. 무
라카미 하루키나 어니스트 헤밍웨이처럼 매일 한 시간은 반
드시 집필하는 습관을 갖으려 한다. 세 번째, 강의 시청 및 독
서. 사업 규모를 키우는 데 필요한 강의와 책을 보며 꾸준히
공부한다. (여기서 내가 할 수 있는 일을 찾아보는 것도 좋고, 주변에
게 도움을 구하거나 전문가로부터 도움을 받는 등 외적 환경을 조성할
수 있다.)

질문7 : 언제부터 실행할 것인가? (실행 계획)

대답 : 먼저 유튜브는 장비를 마련해두었으니 곧 콘텐츠 촬
영을 시작할 생각이다. 블로그는 가볍게 일상을 정리해 게시
하는 것을 시작으로 감을 잡아보려 한다. 책 집필은 바로 지
금부터 시작하고, 일주일 뒤에 내가 평균적으로 집중할 수 있

는 시간은 얼마나 되는지 가늠한다. 글을 쓰기 전에 책을 읽고 강의를 시청하면서 준비 운동을 하는 것도 괜찮은 방법일 듯하다.

• 코칭 결과 : 블로그와 유튜브, 브런치를 시작했다. 아직 구독자가 많진 않지만 꾸준히 늘어나고 있다. SNS를 기반으로 하는 마케팅 사업은 상승세를 타고 있고, 상담 및 컨설팅 관련 강의도 여러 차례 진행했다. 독자들이 이 책을 읽고 있다면 신간이 출간된 것일 테니 작가로서 목적도 달성했다. 사업을 시작할 때에 비해 여러모로 안정된 상황이고 불안도 크게 줄었다.

~~~~~~~~~~~~~~~~~~

누구에게나 아물지 않는 상처가 있다. 가끔 통증이 느껴지더라도 그때만 참고 모른 척 살면 당장은 편하다. 그러나 상처는 더 커지고 깊어진다. 더 늦기 전에 아물 수 있게 치료해야 한다. 이것이 바로 과거를 애도해야 하는 이유다. 인간은 약하디약한 존재라 작은 상처에도 무방비하게 무너지지만 어떤 순간엔 놀랄 만큼 강한 힘을 발휘하기도 한다. 상처를 헤집는 고통을 견디고 자신을 되찾는 일은 세상을 버티는 든든한 경험으로 남을 것이다.

●

단절됐던 세상과 다시 연결되어라

트라우마를
들여다볼 준비

나의 트라우마를 얘기하려면 어쩔 수 없이 어린 시절을 들여다보아야 한다. 평범하지 않았던 내 어린 시절은, 다 자라고 나서 돌아보니 부끄럽진 않지만 그립지도 않았다. 다들 그렇듯 나의 많은 부분이 어린 시절에 형성되었고 그것은 오롯이 남아 어떤 날은 약하게, 또 어떤 날은 강하게 나를 괴롭혔다. 이러한 트라우마에서 벗어나기까지 꽤 오래 걸렸다. 그래도 트라우마에 관한 얘기를 전하기 위해 어린 시절로 잠깐 돌아가 보려 한다.

"우리가 오래 살아온 공간에는 상처가 있다"라고 김영하 작가가 어느 방송에서 말했다. 그 말을 듣자마자 내 머릿속에는 십 대 시절, 5년 동안 살았던 집이 떠올랐다. 그곳에서 엄마랑 둘이 살았

3장

다. 바퀴벌레가 출몰할 때마다 깜짝 놀라곤 했던 그 좁은 집. 처음
에는 바퀴벌레 퇴치 약을 뿌리기도 하고 공간 활용을 한답시고 쓸
데없는 물건들을 정리하며 나름대로 잘 지냈다. 그러던 어느 날 엄
마하고 다투고 나서 집 앞의 작은 병원에 가서 의사 선생님에게 하
소연을 했다. 엄마하고의 관계가 좋지 않은 시기였다. 이후 그 의사
선생님하고 친해져 병원에 자주 들락거렸다. 반면 집에서는 내 작
은 방에 틀어박혀 엄마와 마주치는 시간을 줄였다. 좁디좁은 방에
누워 창문 너머 바깥 풍경을 오래 바라보던 기억이 난다. 당시 나는
넓은 세상으로 나가고 싶었다. 늘 만나는 사람, 늘 봤던 것 말고 새
로운 경험을 하고 싶었다. 그게 뭔지 잘 모르면서도 계속 무언가를
갈구했다. 그 간절함이 끝까지 차올라 넘쳐흘렀을 때 나는 결국 그
집을 나와 독립했다.

　　시간이 흐르고 철든 나는 엄마에게 다시 다가가려고 십 대 때
벗어나고 싶었던 그 집을 찾아갔다. 모든 것이 그대로였다. 내 공간
은 엄마의 물건이 차지하고 있었다. 엄마도 하고 싶은 일이 많았는
지 이것저것 공부한 흔적이 보였다. 그러나 화장실은 불이 들어오지
않았고 세면대에는 수도관이 없어 물을 틀면 물이 아래로 곧장 떨
어졌다. 겨울인데도 찬물밖에 나오지 않아 엄마에게 물었더니 보일
러가 고장 나 고치는 중이라 했다. 돌아보니 예전에도 여름에는 찬

물만 나왔던 날이 많았고, 겨울에 보일러가 고장이라도 나면 한동안 따뜻한 물로 샤워를 할 수 없었다.

엄마는 아직도 이런 곳에 계셨구나. 내가 떠나고 나서 꽤 오랜 시간을 혼자 보냈을 텐데 외롭지 않았을까. 사랑하는 아들과 자주 다퉜던 공간, 하나뿐인 가족이 등 돌린 채 머물던 공간에서 어찌 지냈을까. 그리고 내가 다시 돌아왔을 때 어떤 심정으로 나를 반겼을까. 오랜만에 만나는 자식을 챙겨주려 까칠까칠한 손으로 서둘러 요리를 만드셨을까. 나는 혼자 잘 먹고 잘 사는데 왜 매번 밥 먹었냐고 물으셨을까. 수많은 의문이 떠올랐지만 입밖으로 꺼내지 못했다. 혹여나 다 잊고 지냈는데 내가 끄집어낸 꼴이 될까 봐, 상처를 되새김질하게 될까 봐 두려웠다. 그 순간 나는 내가 상처 많은 어린 시절로부터 벗어나지 못했다는 걸 알았다.

자존감에 관한 강연을 하러 어느 고등학교에 갔던 날, 끝나고 따로 사인을 하는 시간을 가졌다. 그날 강연에서 이야기했던 내용들은 사실 이십 대부터 사십 대분들까지의 성인들이 더 와닿을 수 있는 사례가 많았는데 십 대 아이들이 진지하게 들으면서 공감하니 마음이 좋지만은 않았다. 어떤 환경에서 자랐기에 이런 무게감 있는 이야기를 그 나이에 이해하는 듯한 표정으로 들었던 걸까. 그런 생각을 잠깐 했지만 막상 사인이 시작되니 시간이 정신없이 지나갔다. 그때 갑자기 두 학생이 와서 이구동성으로 내게 말했다. "작가님, 그런 생각하지 마요!" 그래서 "무슨 생각이요?"하며 미소를 띠며 물으니 책 페이지를 말해주었다. 펼쳐보니 그 페이지에는 "어쩌면 나란 존재는 한 여자의 인생을 망친 걸지도 모른다"라는 구절이 있었다. 학생들은 내게 엄마에 대한 죄책감을 갖지 말라고 격려의 말을 해준 것이다. 내가 연단에 서서 격려의 말을 보낸 것처럼 똑같이 내게 화답한 걸지도 모른다.

그런 일이 있고 나서 엄마를 원망하는 마음을 지우고 마음먹고 집에 돌아갔을 때, 엄마는 여전히 예전에 살던 낡은 집에 머물고 있었다. 세면대도, 보일러도 예전과 똑같았다. 지금의 나라면 집안 사정을 생각해서 이해할 수도 있었겠지만 어릴 때는 그게 너무 싫었다. 가난은 나의 콤플렉스 그 자체였다.

상처투성이에다가 열등감이 가득했던 내가 엄마의 얼굴을 진정으로 마주할 수 있게 됐을 때, 그녀의 손은 예전에 비해 주름이 늘어 있었다. 어렸을 때 봤던 엄마의 손은 하얗고 가늘었는데 지금은 그렇지 않아서 가슴이 미어졌다. 그 일을 계기로 엄마에게 다가갈 수 있게 됐고 그 후로 엄마의 생일에는 두 눈을 바라보며 싫은 내색하지 않고 대화할 수 있었다. 엄마는 어쩌면 나를 낳지 않았어야 더 행복하지 않았을까. 결과적으로 이혼했다는 사실은 엄마의 결혼 생활이 불행했다는 걸 의미하니 말이다. 나는 태어나지 않는 게 낫지 않았을까, 그런 편이 한 여자의 인생을 더 자유롭게 하지 않았을까 싶었다. 학생들은 그런 생각하지 말라 했지만 또 다시 안 좋은 생각이 고개를 내밀었다. 머릿속이 꽤 번잡한 상태로 엄마에게 한 가지 질문을 건넸다.

"엄마는 이십 대 초반에 나를 낳았는데 무섭지 않았어?"

"무섭긴 뭐가 무서워."

엄마는 웃으며 대꾸했다. 그리고 생명은 소중하다고 덧붙였다. 그 이상은 표현하지 않으셨지만 그 말 한마디로 그동안 나는 내가 사랑받고 있었다는 것을 깨달았다. 단지 슬픔과 원망이 내 눈을 가려 못 봤을 뿐이었구나. 왜 그렇게까지 미워했을까. 그때의 나는 그럴 수밖에 없었던 걸까. 늘 되물어보게 된다. 가족 또한 인간관계지만 그 말에 담긴 의미만큼이나 알기 어려운 연결고리가 있다. 상황에 따라 결국은 용서하지 못할 수도 있지만 뭔가 마음에 응어리가 남아 있다면 그것은 '그리움'의 또 다른 형태가 아닐까.

나는 아버지를 잃은 날, 되돌아갈 곳을 잃었다는 사실에 한없이 눈물을 흘렸다. 편부모 가정이라는 사실에 콤플렉스를 가지고 있었고, 부모님이 모두 있는 친구들을 부러워하며 엄마를 괜히 원망하며 지냈다. 눈물이 멈추지 않았다. 그리고 엄마와의 관계가 가슴 깊이 다가왔다. 만약에 이대로 엄마를 원망한 상태로 다가오는 시간을 맞이해야 한다면 감당할 수 없을 것 같았다. 정말 혼자가 되겠다는 생각이 들어 무서웠다. 그 두려움의 감정은 용기로 바뀌었고 미묘하게 상황이 맞아떨어져 가족 관계를 회복할 기회가 생겼다. 물론 앞으로 관계가 다시 나빠질 수도 있다. 그래도 과거에서 벗어나 앞으로 나아갔다는 사실에 기뻐하기로 했다. 가까울수록 다가가기 어렵고, 미운 만큼 사랑하는 사이. 그 이름은 가족이고 내게는 엄마라는 사람이 그러했다.

치유의 시작은 애도하기

앞에서 엄마와의 문제를 솔직하게 털어놓은 이유는 내가 갖고 있는 트라우마의 원인을 설명하기 위해서였다. 지금은 괜찮냐고 물어보면 자신 있게 괜찮다고 말할 수 있을 정도로 나는 정서적으로 안정되고 편안해졌다. 정리해놓고 보니 짧고 간략한 과거의 일들인데도 이렇게 글로 써 세상에 드러내기까지 꽤 오랜 시간과 각오가 필요했다. 그리고 현재, 상처를 치유하고 엄마하고의 관계를 회복할 수 있던 이유는 충분히 애도했기 때문이라 자부한다.

　미국정신분석학회는 애도를 '의미 있는 애정 대상을 상실한 후에 따라오는 마음의 평정을 회복하는 정신 과정. 주로 사랑하던 사람의 죽음과 관련된 것(사별)으로 알려져 있지만, 실은 모든 의미 있는 상실에 대한 정상적인 반응을 일컫는다'라고 정의한다.

사랑하는 사람과 헤어지면 시간이 멈춘 것 같다고 흔히들 표현하는 것처럼 트라우마 역시 사건을 겪은 당시로부터 시간이 정지되어 흐르지 않는 경험을 제공한다. 상처 받은 내면의 아이가 더 이상 자라지 못하고, 그 시기에 머물러 있는 것이다. 그때의 기억은 뚜렷하게 뇌에 저장되어서 무의식을 지배한다. 나에게는 어머니에게 받은 상처와 편부모 가정에 대한 콤플렉스, 일본에서 살다 왔다는 이유로 받은 차별과 소외가 트라우마로 내면에 뿌리 깊게 박혀 있었다.

　　이런 환경 탓에 나는 다른 사람의 눈치를 보는 성향으로 자랐고 스스로 세상과 거리를 두게 되었다. 십 대 시절에도 내 속에 있는 응어리와 상처를 꺼내본 적이 없다. 철저히 가면을 썼으며 그것은 어린 내가 세상에서 살아남기 위한 삶의 방식이었다. 사람을 대하는 모습과 골라 쓰는 언어를 보면 그 사람의 무의식을 직관적으로나마 알 수 있다. 내 무의식은 과거의 상처가 크게 자리해 더 이상 상처 받기 싫다는 이유로 회피 성향을 띠었고 이러한 성향은 상처를 마주하지 않고 묻어두는 습관을 만들어냈다. 하지만 트라우마를 다시 마주하기까지 생각보다 오랜 시간이 걸리지 않았다. 이 이야기는 뒤에서 다루도록 하겠다.

　　미국정신의학협회에서 발간하는 「정신 장애 진단 및 통계 편람」에서는 트라우마를 치유하는 애도 기간을 정해놓았다. 정상적인 성인이라면 3년이 애도 기간이라고 발표했다. 하지만 소중한 무언가를 잃은 상태에서 회복하는 기간을 일반화해 단정 지을 수는 없다. 통계는 통계일 뿐이며 객관적인 지표라 할지라도 나와는 전혀 상관 없을 수 있다. 애도 기간은 개인마다 충분히 달라질 수 있다. 임상심리학자인 란도는 상실 이후 통과하는 애도의 과정을 인식하기Recognize, 반응하기Response, 다시 경험하기·회상하기Re-experience/Recollect, 떠나보내기Relinquish, 새롭게 적응하기Readjust, 새로운 환경으로 들어가기Reinvest라는 총 6단계로 정리했다.

'인식하기'는 내가 받은 상처나 트라우마를 인지하는 것이다. 모든 시작은 뇌가 인식하는 순간 이루어진다. 내 안에 거대한 무언가가 있다는 걸 알아차리는 단계라 생각하면 된다.

'반응하기'는 내가 그 사건을 이성적으로 판단하는 것과 무관하게 나의 몸과 생각이 트라우마에게 어떤 반응을 보이는지 확인하는 시간이라 할 수 있다. 이때는 현재 내게 나타나는 부정적인 반응이 무엇인지 깨닫는 것만으로 충분하다.

'다시 경험하기·회상하기'는 혼자서 시도해볼 수도 있지만 가급적이면 전문가의 도움을 받는 걸 추천한다. 어떤 사건이 트라우마라고 불리는 데는 그만한 이유가 있을 것이기 때문이다. 끔찍한 경험을 되새김질하고 상기하는 건 회복하는 과정인 동시에 다시 스스로에게 상처를 주는 일이 될 수 있다. 그러므로 굉장히 조심스럽게 진행해야 한다.

'떠나보내기'는 과거의 상처를 마주하며 쌓여 있는 응어리를 풀고, 그 시절을 떠나 보내주는 단계다. 떠나보낸다고 해서 너무 상심하지 말기 바란다. 통과의례와 같은 과정이며 이 작업에 성공하면 당신은 고통스러운 기억을 처리할 능력을 갖게 된다. 그리고 더 이상 과거의 상처가 당신의 발목을 붙잡는 일도 없다. 하지만 충분히, 애도하기 바란다. 마치 어린아이 달래주듯 내가 힘들었을 때 듣고 싶었던 말을 스스로에게 해주자.

'새롭게 적응하기'는 새로운 나를 받아들이는 시간이다. 문제가 있던 그 시절을 재해석하는 능력이 생기고, 현재와 미래를 위해 살 수 있게 된다. 이때부터 자신에게 긍정적인 말을 적극적으로 해주자. '나는 충분히 가치 있는 사람이다', '그럭저럭 괜찮은 사람이다' 등 나로 하여금 긍정적으로 생각하게 해주는 문장을 되새기기 바란다.

'새로운 환경으로 들어가기'는 상처를 딛고 일어서는 단계다. 떳떳할 용기가 없어도 그런 척하다 보면 자아는 회복된다. 꽁꽁 숨어 있지 마라. 먼지투성이의 어두컴컴한 방에서 나오라. 그 방문은 새로운 세상으로 가기 위한 통로이며 나오는 것만으로도 세계관이 바뀐다. 비록 비극을 겪었지만 삶에는 좋은 일, 좋은 사람 또한 존재한다. 나를 사랑해주고 아껴주는 사람들을 만나러 가자. 내 가치를 높여줄 일들을 경험하러 가자. 물론 모든 출발점은 나에서 시작된다는 걸 잊지 말아야 한다.

딛고 일어서라

트라우마에 관한 연구로 유명한 하버드대학 정신의학과 교수인 주디스 허먼은 트라우마를 딛고 일어서는 세 단계의 과정이 있다고 말한다.

첫 번째 단계는 **스스로에게 안전한 환경을 제공해 안정감을 느끼는 것이다.** 내 경우에는 집에 아무도 없을 때 가장 안심한다. 다른 사람의 눈치를 볼 필요가 없기 때문이다. 십 대 때에는 엄마와 마주치기 싫어 저녁 무렵까지 밖에서 시간을 보냈고 집에서는 게임을 하면서 현실을 외면했다. 정서적 안정을 취할 곳이 간절했지만 그런 곳을 찾기가 불가능했다. 스무 살이 됐을 때, 집에서 독립해 얻은 첫 원룸은 내게 정말 집이라 부를 만한 아늑한 공간이자 환경이 되어주었다. 아무리 힘들고 고단한 하루를 보냈어도 집에 돌아와 씻고 잠자리에 누우면 편안함을 느꼈다. 비로소 내 자리를 찾은 듯한 기분이었다. 그리고 그 아늑하고 안전한 공간에서 마음의 상처도 조금씩 아물었다.

두 번째 단계는 **트라우마가 된 사건을 기억하고 자신이 경험한 상실을 슬퍼할 수 있는 기회를 마련하는 일이다.** 주디스는 이 단계에서 '이야기하기'의 중요성을 강조했다. '이야기하기'란 자신이 겪은 트라우마를 이야기로 엮어서 말하는 것을 뜻한다. 이야기한다는 것은 그 상황에 어떤 관점이 생기는 걸 뜻한다. 상황을 분석하면 그 일이 내 삶에 어떤 의미가 있는지 재해석하는 작업을 시작할 수 있다. 나 역시 과거의 기억을 재해석하려 시도했다. 이십 대 초반, 첫 단독 에세이를 출간하기 전에 다른 여러 작가들과 함께 집필해 책을 낼 기회가 있었는데 그때 처음 내 이야기를 글로 덤덤하게 풀었다. 기억을 거슬러 올라가 보니 정말 많은 사건이 있었다는 사실을 알게 됐다. 나는 이 과정에서 상처 많은 과거의 나를 발견했고, 그 이야기를 글로 써내려 가면서 많이 울었다.

트라우마에 말을 거는 일은 몹시 괴롭고 힘들었다. 물론 활자로 자신의 이야기를 적다 보면, 잘 드러나지 않고 긴 시간 이어져온 일들을 한꺼번에 인지할 수 있다. 하지만 힘든 건 힘든 것이다. 그렇기 때문에 이야기를 하다가 힘들면 잠시 중단해도 된다. 도망쳐도 된다. 다시 돌아온다는 약속만 한다면 말이다. 실제라 믿었던 기억이 왜곡과 모순으로 이루어졌음을 깨닫기도 한다. 나는 살면서 내 존재를 제대로 인정받은 적이 없다고 줄곧 믿어왔다. 하지만 이야기하기 과정을 거치면서 그렇지 않았다는 걸 알게 되었다.

내가 어릴 때 부모님은 성격 차이를 이유로 이혼했다. 아버지의 빈자리를 메우기 위해서 어머니는 나를 돌볼 틈도 없이 일을 하러 다녀야 했고 나는 혼자 있거나 보육원에서 주로 시간을 보내며 자랐다. 부모의 사랑을 듬뿍 받아야 할 나이에 나는 밤마다 혼자서 잠을 청하며 공허함, 외로움에 익숙해졌다. 어머니에게 사랑받고 싶어서 애써 장난을 치고 밝은 척했지만 어머니는 생계에 대한 압박감과 스트레스 때문에 내 감정을 살피지 못했다. 그런 탓에 어머니와의 사이가 자연스레 멀어졌고, 날이 갈수록 서운함이 커져 스스로 어머니와 거리를 두었다.

초등학교에 입학하고 나서는 친구들에게 나의 존재를 인정받기 위해 노력하면서 사소한 것에 쉽게 서운해하고 작은 일을 예민하게 받아들이기도 했다. 또 감성적인 성격 탓에 눈물도 많았다. 사람에게 마음을 여는 것이 여간 어려운 일이 아니었다. 하지만 곧 좋은 친구들이 생겼고 그들과의 우정에서 나의 존재감을 확인하고 정체성을 만들어갔다.

친구들 사이에서 내 존재를 인정받은 경험은 내가 긍정적으로 변화하는 데 결정적인 영향을 주었다. 당시에 미처 전하지 못한 고마움을 성인이 된 후에 글로 적어 전했다. 감사는 과거에 대한 좋은 기억을 강화할 수 있도록 도와준다. 다시 말해 좋은 일에 대한 기억을 자주 떠올리게 하며, 그 당시의 긍정적인 정서를 되살려준다. 이는 긍정 심리학의 창시자로 알려진 미국의 심리학자 마틴 셀리그만이 제시하는, 나를 진정한 행복으로 이끌어주는 하나의 길이라 할 수 있다.

그러므로 인간관계에서 상처 받은 경험이 있다면 반대로 내게 도움의 손길을 건네준 사람을 떠올려보면 좋다. 좋은 친구들 덕분에 표정이 밝아졌고 다시 사람을 마주할 수 있는 용기가 생겼다. 지금의 나는 여전히 느긋한 성격이지만 속은 자신감으로 꽉 차 있다. 행복한 경험은 떠올리기 좋은 추억으로 남는 것을 넘어 현재 내 정서에 지대한 영향을 미친다. 가령 힘든 순간을 마주하더라도 '괜찮아. 내일부터 다시 시작해보자. 나를 사랑하는 사람들이 있잖아.' 하면서 자신을 일으켜 세울 수 있는 힘이 생기는 것이다.

마지막 세 번째 단계는 **세상과 연결되는 것이다.** 나는 상처였던 과거들과 이를 마주하는 과정을 글로 드러냈다. 내가 처음에 세상에 공개한 글은 아이러니하게도 누구에게도 보이지 않았던 깊은 속마음이었다. 너무 솔직한 글이라 그 글을 접한 이들이 어떻게 그렇게까지 전부 털어놓을 수 있느냐고 묻기까지 했다. 편부모라는 가정환경, 지독한 가난, 한국에 와서 겪은 차별과 사춘기 시절에 들은 폭언들. 이때의 상처는 앞서 마주하는 과정에서 충분히 기억하고 대화하면서 해소했다. 그리고 콘텐츠로 제작해 세상에 내보였다. 사람들의 반응이 우려스러웠으나 괜한 걱정이었다. "선택해서 태어난 것이 아닌데 차별을 겪었다니 힘드셨겠어요", "한일 양국 어디에도 기댈 곳이 없는 경계인으로 고생도 많았겠지만 추성훈 선수나 손정의 소프트뱅크 회장과 같이 당당히 이겨내시기 바랍니다", "독일에 사는 1.5세 교포라 공감되는 부분이 많습니다. 작가님 글을 읽고 저도 정면 돌파를 다짐했습니다. 좋은 글 감사합니다"와 같이 대부분 격려와 응원, 공감과 지지를 보내주었다.

　글을 써서 내 이야기를 세상에 꺼내놓은 것, 그로 인해 대중과 처음으로 진솔한 이야기로 소통한 것은 스스로에게 값진 경험이 됐다. 부정적인 생각으로 가로막혀 있던 사고의 회로에 한 줄기의 빛이 들어왔다. 그 빛은 내가 능동적으로 살아갈 수 있는 힘을 주었고 삶을 스스로 주관할 수 있다는 믿음을 갖도록 도와주었다. 그 신념은 오늘날의 내가 존재할 수 있게 만들어주었으며 앞으로도 그러할 것이다.

사회심리학자로 상실과 외상을 주제로 연구한 존 H. 하비는 트라우마 생존자들이 다른 사람들을 도와줌으로써 사회와의 연결 고리를 되찾는 것이 좋은 방법이라 주장한다. 그 말 그대로, 나는 나를 위해 글을 썼는데 그 글이 사람들에게 저마다 다르게 다가가 그들만의 방식으로 해석됐다. 나를 거세게 비판하는 사람이 있는가 하면 감명 깊게 글을 읽었다며 응원해주는 독자도 있었다. 세상과 끊어졌던 고리들이 이어지면서 나는 외적·내적으로 회복했다. 트라우마가 된 과거 사건과도 거리를 둘 수 있었다. 마치 나와 경험 사이에 틈이 생긴 듯해 그 경험을 무조건 부정적으로 생각하지 않게 된 것이다. 뱀인지 밧줄인지 구별할 수 있는 관점과 시야를 확보한 덕분에 그 사건들을 이전에 비해 훨씬 객관적으로 바라볼 수 있게 되었다.

어떤 관점을 가지려면 약간의 거리가 필요하다. 두려움 없이 그 상황을 무미건조하게 바라볼 수 있는 내실을 다지면 마음의 여유는 자연스레 확보된다. 비록 상처투성이가 되어 도망치는 한이 있어도 결국 돌아오는 것처럼, 관계를 내려놓는 한이 있더라도 회복할 기회는 온다. 그 믿음은 잃지 않았으면 좋겠다. 배신하는 사람이 있는가 하면 나를 믿어주는 사람이 있고, 나를 미워하는 사람이 있는가 하면 나를 사랑해주는 사람이 있다. 당신의 그 상처가 관계를 형성하는 데 완전한 단절을 의미하는 것이 아니었으면 한다.

나를 붙잡아줄 기억들

상처를 치료하는 일은 계획적이면서도 체계적인 과정이다. 시간이 지나면 이루어지는 막연한 것이 아니며 또 무조건 긍정적이고 낙관적으로 생각한다고 해서 가능한 것도 아니다.

한번은 삼십 대로 짐작되는 C가 고민 상담을 요청했다. C는 자신이 꿈꾼 가정을 꾸려 살아가는 지금이 행복한데 최근 들어 자신의 아이를 볼 때마다 상반되는 감정이 들어 괴롭다 했다. 이야기를 들어보니, 그녀는 어릴 적에 부모로부터 사랑받지 못했고 그런 탓에 부모와 제대로 된 애착 형성이 이루어지지 않은 듯했다. 그녀는 그런데도 자신이 그동안 별일 없이 잘 지내왔는데 갑자기 왜 이러는 건지 모르겠다며 의아해했다. 허나 모든 이야기에 '갑자기'란 없다. 단지 덮어둔 것뿐이다. C의 경우 자신의 내면 아이를 마주할 생각을 못 했는데, 자녀를 통해 자신의 무의식에 잠들어 있던 유년 시절이 소환된 것이다.

나는 이와 비슷한 케이스를 꽤 봐왔고, 나 또한 그러하다는 것을 인정하며 살고 있다. 상처를 치유하기 위해 전문가의 도움을 받아야 한다는 점도 잘 알고 있다. 전문가들은 트라우마를 극복하기 위해서는 의미 있는 도움을 받는 것이 매우 중요하다고 말한다. 애정과 위로와 같은 사회적·정서적 지원이 반드시 필요하며, 가까이 있는 가족이나 친구로부터 그런 도움을 받는 것이 특히 중요하다고 강조한다.

인간은 충격적이고 괴로운 경험을 하면 극도로 약해지는 존재지만, 또 원래대로 회복할 수 있는 힘을 지닌 강한 존재이기도 하다. 나 또한 훼손된 자아가 어느 정도 회복되기까지 무수히 많은 사람들의 도움을 받았다. 일본에서 살던 시절, 마음의 문을 꼭 닫고 폐만 끼쳤던 나와 함께 놀아주고 내가 한국으로 떠난다고 하자 잘지내라며 아낌없이 격려해준 친구들, 한국에 와서 순탄치 않은 학교생활 중에서도 내게 호의를 보여줘 오늘날까지 연락하며 지내는 동창들, 자신의 가능성에 대한 믿음을 저버리지 않게 긍정적인 신호를 주고 스승의 역할을 다해준 선생님까지. 이 소중한 사람들과 함께한 순간들을 비록 당시에는 잘 몰랐지만 글쓰기를 통해 상처와 마주하고 나니 알았다. '아, 앞만 보고 지내느라 놓친 것들이 많

았구나.'

　비록 우울한 날들이 많았을지라도, 불확실한 오늘과 미래를 살아가더라도 내게는 나를 붙잡아줄 기억들이 존재한다. 그것들이 내 삶을 움직이게 해주는 원동력이 될 수 있다는 사실을 스스로 인지하고 나서야 알았다. 그 의미 있는 기억의 조각들은 내게 의미 있는 확신을 안겨주었다. 반면에 상처 받은 기억이나 무의식 또한 우리 일상에 갑자기 들이닥칠 때가 있다. 앞서 언급한 C의 사례에서도 그렇듯 치유를 위한 글쓰기를 시작하면서 과거의 슬픔들이 끊임없이 나를 덮친 것 또한 이유가 있다. 뇌과학에 따르면 무의식(잠재된 기억)이 의식화(몰입)할 때 장기기억장치를 활성화하게 되는데 이때 기억의 이면에 존재하는 처리하지 못한 슬픔이나 우울감이 드러날 수 있다고 한다.

　내가 과거로 거슬러 가 어느 순간의 기억을 글쓰기를 위해 불러낼 때 우울해지는 이유는 무의식에 저장된 정보를 활용하기 때문에 일어나는 현상이었다. 기억을 자극하는 건 때로는 보물찾기처럼 의미 있는 경험을 떠올리게도 하지만 반대로 괴로운 기억을 마주하게도 한다. 그렇기 때문에 수많은 사람들이 상처로부터 멀리 도망간다. 나 또한 그랬다.

　도망치는 이들에게 말해주고 싶다. 괜찮다고, 멀리 도망치다가 자신의 발걸음을 문득 내려다본다면 그 흔적을 되짚어 다시 돌아오기만 하면 된다고. 그리고 그 기간이 너무 길지 않았으면 한다고. 어떤 기억이라도 이야기하지 않으면 묻어두거나 애써 외면하면 없던 것처럼 할 수 있다. 물론 내가 들려준 이야기가 당신과 맞지 않는 특별한 이야기처럼 여겨질 수 있다. 힘든 기억들을 당장은 묻어두고 지금 가야 할 길을 가도 된다. 그러나 당신이 원하는 삶을 마주했을 때 당신이 누려야 할 행복에 더 다가가지 못하게 당신의 발목을 붙잡을 수도 있는 것이 바로 해결되지 않는 트라우마다. 마주하고 극복해야 하는 순간은 반드시 온다. 부디 그때까지, 당신의 마음에 넉넉한 공간을 만들어두길 바란다. 이 난관 또한 여태까지 이겨왔던 것처럼 반드시 넘어설 수 있다.

슬픔에게 이름 붙이기

애도에 대해 말하는 사람들이라면 누구나 슬픔에게 언어를 주라고 이야기한다. 셰익스피어의 「맥베스」에는 "슬픔에게 언어를 주오"라는 유명한 구절이 있다. 기호학자이자 비평가인 롤랑 바르트는 1977년 10월 25일에 어머니가 별세하자 그 죽음을 애도하는 『애도 일기』를 썼다. 사랑하는 사람을 떠나보내려 애쓰는 애절한 심정을 일기라는 형식으로 풀어낸 것이다. "이런 말이 있다. 시간이 지나면 슬픔도 차츰 나아지지요. 아니, 시간은 아무것도 사라지게 만들지 못한다. 시간은 그저 슬픔을 받아들이는 예민함만을 차츰 사라지게 할 뿐이다"라는 『애도 일기』의 구절은 바르트가 슬픔이라는 감정을 어떻게 대했는지를 여실히 보여준다.

단절됐던 세상과
다시 연결되어라

한 번 깊이 새겨진 상처는 아문 후에도 흉터를 남기듯 트라우마도 마찬가지다. 이러한 트라우마를 치유하는 데 효과적인 방법 중 하나가 바로 글쓰기다. 수많은 사람들이 슬픔을 애도하기 위해 일기, 소설, 시, 편지 등 자신에게 맞는 방식으로 글을 쓴다. 물론 애도의 방법이 글쓰기만 있는 것은 아니다. 눈앞에서 절친한 친구가 자살하는 모습을 본 피카소는 세룰리안 블루라는 한 가지 색만을 가지고 자신의 슬픔과 상실감을 그림으로 표현했다. 어느 심리치료사는 모국어가 아닌 외국어로 자신의 감정을 이야기해볼 것을 권하기도 한다. 왜냐하면 언어는 그 나라의 문화가 담긴 매체이기 때문에 다른 언어로 표현하는 것만으로도 격한 감정을 조금 더 차분하게 가라앉힐 수 있는 효과가 있기 때문이다.

한창 자존감 글쓰기 수업을 진행했을 때 자신을 존중하는 법과 상처 치유, 트라우마에 대한 내 이야기를 듣고 이십 대 중반으로 보이는 수강생이 쉬는 시간에 내게 자신의 아이디어를 말해준 적이 있다. "작가님, 저는 연인과 헤어진 지 3주가 됐는데요. 슬퍼하는 시간 동안 문득 이별한 사람끼리 모이는 자리를 만들면 어떨까 하는 생각이 들었어요. 물론 모이면 다 같이 우울할지도 모르지만 오히려 확실한 공감대가 있기 때문에 서로 이해할 수 있을 거라 믿어요. 가까운 사람에게 털어놓는 것도 좋지만 한계가 있잖아요. 그리고 비밀 이야기는 모르는 사람에게 털어놓는 게 마음 편하기도 하고요." 그녀가 자신의 말대로 모임을 만들었는지는 알 수 없지만 나는 그 생각만으로도 그녀가 멋있어 보였다. 개인의 슬픔을 타인에게로 범위를 넓혀 함께 이겨내려는 마음. 상실감을 극복하는 것 또한 혼자 하는 것보다 함께하는 것이 더욱 수월할 것이다. 이런 방법은 무엇보다 나만 트라우마로 힘들어하고 있는 게 아니라는 사실로 큰 위안을 얻는다는 장점이 있다.

그렇다면 사람들은 왜 이토록 상처를 이겨내려 애쓰는 걸까? 상처를 극복해야 하는 이유는 명확하다. 과거의 상처를 슬기롭게 극복해내면 또 다른 상처가 닥쳐도 비교적 유연하게 그 상황에 대처할 수 있기 때문이다. 뿐만 아니라 상처를 외면하면 그 상처로 거듭 상처를 받고 세상을 똑바로 마주하지 못하는 악순환이 이어진다. 그러므로 상처를 꼭 상처로만 끝내는 것이 아니라 오히려 마음의 힘, 면역력을 키우는 기회로 여기면 좋다. 이 방법으로 독서와 글쓰기, 타인과 교류하는 것만큼 확실한 방법은 없다고 생각한다. 전문가의 도움을 받더라도 결국에는 스스로 닫힌 문을 열고 나가야 한다. 누군가 당신에게 구원의 손길을 내밀어줄 수 있지만 그 가능성은 정말 희박하다. 괜찮다. 한 번 겪은 일을 두 번 겪으라는 법은 없으니 말이다.

나는 알고 있다. 꽁꽁 숨겼던 상처를 드러내면 그런 모습에 오히려 많은 이들이 위로를 받는다는 사실을. 내가 야간 편의점 아르

바이트하며 쓴 글을 온라인에 공개했을 때 불특정 다수의 사람들이 그 글을 읽고 용기를 얻었다고 했다. 나도 아직 작가로서 갖추어야 할 소양이 부족한데 나를 보고 작가의 꿈을 가졌다는 사람의 이야기를 들으면 여전히 어안이 벙벙하면서도 매우 고맙다.

가장 개인적인 것이 가장 보편적인 것이라는 말이 있다. 지극히 개인적인 이야기가 영향력을 지녀 세상과 연결되는 상황을 일컫는 말이다. 사람들은 본인만 겪었을 거라 생각하는 일을 타인도 경험했다는 사실을 알면 그 상대에게 공감과 연민을 느낀다. 미국 노스이스턴대학교 연구팀이 '부상, 자연재해, 사별, 관계 파탄' 등 인생에서 역경을 헤쳐나간 경험과 타인에게 느끼는 연민의 정도에 대한 실험을 한 결과, 인생을 살면서 역경이 많았던 사람일수록 타인에 대한 동정심이 크고, 자선단체에 기부하고자 하는 의지도 강한 것으로 밝혀졌다. 또한 사람은 큰 사건이나 사고를 겪고 나면 그 고통과 상처로 인한 충격이 장기 기억으로 저장되어 트라우마가 생긴다. 당사자에게는 분명 고통스러운 일이지만 다른 한편으로는 '긍정적인 감정'을 형성하는 계기가 된다고 한다. 즉 인생에서 큰 고비를 겪어본 사람일수록 다른 사람을 불쌍하게 여기는 마음이나 도와주려는 마음이 크다는 것이다. 그러니 트라우마가 무조건 나쁘다고만 볼 수 없다.

어둡고 캄캄한 터널을 홀로 걷는 시기는 분명히 존재한다. 하지만 끝도 분명히 있다. 모르겠으면 글을 써보기 바란다. 자신의 글로 타인에게 선한 영향력을 줘야 한다거나 그 글을 공유해야 한다는 압박은 가질 필요 없다. 주의해야 할 게 한 가지 있다면, 글쓰기가 회복 과정에 도움이 되기는 하지만 의학적 치료 과정을 대신하는 건 결코 아니라는 점이다. 일상을 꾸려나가기 힘들 정도로 어려움을 겪고 있다면 당연히 의학적인 도움을 받아야 한다. 글쓰기는 경제적 부담 없이 간단하게 정신건강을 유지해주는 훌륭한 보조 수단이다.

단절됐던 세상과
다시 연결되어라

과거의 시간에서
나를 구하자

어느 날 독자에게 메시지가 왔다. 내용은 다음과 같았다.

"작가님, 제발 희망고문 하는 글은 그만 써주셨으면 해요."

이런 말은 사실 내 글이 많은 사람에게 노출되기 시작했을 때부터 들은 흔한 말 중 하나다. 평소 같으면 무시했겠지만 무슨 말을 하려는 건지 들어보기 위해 답장을 보냈다.

"제가 언제 희망 고문을 했다는 거죠?"

"희망 고문 맞죠. 작가님의 글의 취지는 알겠지만, 상처 받은 사람들의 현실은 바뀌지 않잖아요. 대표적으로 저 같은 사람이요."

"그렇게 생각할 수도 있겠네요. 제가 직접적으로 도와주진 못하겠지만 이야기는 들어드릴 수 있을 것 같아요. 무슨 일 있었나요?"

"저는 중학교에 다녀요. 어릴 때 부모님이 성격 차이로 이혼하셔서 지금은 엄마랑 둘이 살고 있어요."

그 아이는 집이 가난해서 친구들이 브랜드 옷을 입을 때, 본인은 싸구려 옷 몇 벌을 번갈아 입어서 창피하다고 했다. 집에 가면 답답하고, 엄마하고 부딪히는 것이 지긋지긋해서 빨리 독립하고 싶단다. 늘 밖에 나가서 시간을 보내는 탓에 용돈이 부족해 엄마가 교통카드에 넣어주신 돈을 편의점에 가서 전액 환불받아 용돈으로 썼다고 말했다. 꿈은 있지만 돈 때문에 발목이 잡히지 않을지 전전긍긍하며 하루하루를 보내고 있다고 고백했다.

"그동안 힘들었겠어요."

말로 설명할 수 없지만, 동질감을 느꼈다. 연민과 슬픔이 동시에 밀려왔다.

"무엇보다 저는 몇 년째 학교에서 왕따예요. 그렇다고 친구가 아예 없는 건 아닌데 그 애들도 못 믿겠어요."

관계의 고민은 생각보다 이른 나이에 시작된다. 학교라는 울타리는 나를 보호해주기도 하지만 그 안에서 일어나는 일이 외부로 번져나가지 못하게 하는 역할도 한다. 어른의 세상만큼이나 냉혹한 아이들의 세상에서 피해를 겪는 이들은 폐쇄적인 환경 때문에 더욱 고통스러워 한다.

"저를 욕하는 애들이 차라리 절 무시해주면 좋겠는데 자연스럽게 친구인 척하면서 계속 괴롭혀요."

아이가 계속해서 힘듦을 토로했다.

"이제는 정말 한계다 싶을 때, 죽을까 생각하기도 했어요. 그런데 무서워서 못했죠. 겁쟁이라서요. 할 수 있는 일이라곤 밤마다 이불 뒤집어쓰고 우는 것 말고는 없어요."

"어머님은 알고 계세요?"

"엄마하고 사이가 좋지 않아요. 아니, 제가 말을 해도 들어주지 않을 거예요. 제 기억 속 엄마는 매번 소리 지르고 나를 막 대하는 사람이거든요."

학교에서도, 집에서도 기댈 수 없는 환경에 처해 있는 아이. 주변에 진심으로 마음을 나눌 수 있는 친구가 한 명이라도 있으면 어땠을까. 아이의 이야기를 들어줄 수 있는 어른이 딱 한 명이라도 있으면 어땠을까. 무엇보다, 아이를 사랑해주는 누군가가 한 사람이라도 있으면 어땠을까. 이제 와서 후회해도 무의미하다는 걸 알면서도 애써 생각해보았다.

최대한 알아주기 위해 생각하고 고민했다. 무엇보다 부모의 입장에 서서 아이를 이해해주려고 노력했다. 애써 덤덤하게 받아들이고, 있는 그대로의 것을 바라보다가 한마디 말을 건넸다.

"지금은 어떻게 하고 싶어요?"

"저는 너무 억울해요. 왜 이런 일들을 겪어야 하죠? 나를 괴롭힌 사람들이 도저히 용서가 안 돼요."

아이는 복수하고 싶다고 말했다. 자신을 이 지경으로 만든 이들을 절대 용서할 수 없고, 똑같이 갚아주고 싶다고 말이다. 하지만 자신은 약하기 때문에 그렇게 할 수 없다고 했다. 날이 갈수록 증오는 커지고 마음의 상처가 아물기는커녕 점점 벌어져서 힘들단다. 언제 끝날지 모르는 현실에서 정신은 초췌해져만 가고 이대로 불행하게 살다가 끝나는 것이 아닌가 하는 생각이 자꾸만 든다고 말했다.

"그래도 용기를 내서 제게 이야기를 해주었잖아요."

"그럼, 저 같은 피해자는 그저 울면서 호소할 수밖에 없는 건가요? 어떻게 그래요. 저는 너무 억울해요, 작가님."

상처를 마냥 묻어둘 수는 없다. 그렇다고 해서 속에 담아두기에는 그 슬픔이 자신을 삼켜버릴 것만 같을 테다. 아이의 이야기를 듣고 나서 달래주며 설득했다. 너무 억울하지만 그땐 어쩔 수 없지 않았냐고. 너무 늦게 찾아와서 미안하다고 사과했다. 끊임없이 내게 신호를 보냈을 텐데, 난 그 마음의 소리를 외면했다. 내가 마주봤어야 했는데 그러지 못했다.

이제야 그 아이, 아니 나를 마주하고 대화했다. 그리고 마음속으로 나를 끌어안으며 과거의 내가 호소하는 울음에 같이 울었다. 그저 울어줄 수밖에 없었다. 그리고 슬피 우는 나를 떠나보내기 위한 마음의 준비를 했다. 떠나보내지 않으면, 앞으로도 내 발목을 붙잡을 테니까. 그렇게 되면 밝은 미래를 영영 못 만날지도 모르니까.

누구에게나 말 못할 과거는 존재한다. 우리는 마음속에 그 과거를 품으며 살아간다. 설령 그것이 짓밟힌 꿈이라 해도 있는 그대로 받아들여야 한다. 어쩔 수 없었고, 부족했을지 몰라도 그런 과거들을 끌어안고 함께 울어주자. 일단은 그것만으로 충분하다.

누구에게나
고장 난 하루가 있다

늦은 시간, 야근을 마치고 집에 가는 길. 나의 하루에 내 시간은 사라진 지 오래였다. 눈에 핏줄이 터질 정도로 피로가 잔뜩 쌓인 몸을 이끌고 집으로 가는 내내 쉬고 싶다는 생각 말고는 어떤 사고도 할 수 없었다. 웃음과 푸념이 공존하는 술집 간판만 거리에 빛을 비추고 있고, 그 외의 것들은 이미 하루를 마무리했다.

'저 사람들은 피곤하지도 않나'

미래에 대한 고민, 친구들과의 만남, 연애. 모두 좋지만 오늘은 방전되어서 무엇도 할 기운이 나지 않았다. 나라는 사람에 대한 고민을 한 적은 언제였을까. 아니, 할 여유가 내게 주어진 적이 있기나 했는지. 어쩌다 쉬는 날이 되면 그날마저도 누군가를 만나 의미 없이 시간을 소모하는 게 전부였다. 십 대 때부터 사회에 나와서 일을 시작했는데도 아직 내 삶에 안정이라고는 찾아오지 않았다. 이런저런 고민을 하다 보니 술을 들이켜면서 푸념하는 사람들의 모습이 이해가 되기도 했다. 그래서 늘 가는 편의점에 들러 캔 맥주와 담배를 샀다.

"말보르 레드 주세요."

"다해서 7천 3백 원입니다. 봉투 필요하세요?"

"아니요, 그냥 가져갈게요."

흡연을 시작한 지 꽤 됐지만 끊을 생각은 없었다. 주변에서 피우니까 나도 어느 순간부터 시작하게 됐다. 스트레스 때문에 피우는 것도 있지만 내게는 담배 연기에 묻어두고 싶은 기억들이 너무 많았다. 기본적으로 사람을 믿지 않아서 위로를 받아본 적이 없었다. 그저 분위기에 맞춰 말을 하는 것, 상사의 비위를 맞추는 것 말고는 딱히 방법을 알지 못했다. 누군가와 마주하고 진실하게 이야기를 나누던 때가 언제인지 기억조차 나지 않았다.

그렇게 한 대 태우고 집에 들어가기 전에 한 아이를 봤다. 늦은 시간에 아이가 돌아다니는 건 그럴 수 있다 쳐도 그냥 지나갈 수 없었던 이유는 아이가 소리 내 울고 있었기 때문이다. 길을 잃은 건가. 경찰에 신고해야 하나. 이런 적이 처음이라 어쩌면 좋을지 몰랐다. 침을 꿀꺽 삼키고 조심스레 말을 걸었다.

"얘야, 왜 울고 있니? 길 잃었어?"

아이는 고개만 절레절레 흔들 뿐 대답을 하지 않았다. 한 손으로 가린 얼굴을 슬쩍 보니 눈물, 콧물이 뒤섞여 엉망이었다. 아이는 계속 그 자리에 있었다. 내가 사람을 부를지 물어도 하지 말라고 할 뿐이었다. 아이를 딱히 좋아하지는 않지만 그렇다고 우는 아이를 못 본 척하고 집에 돌아갈 수 있을 정도는 아니었다. 아이가 울음을 그칠 때까지 같이 있으면서 이야기를 들어주기로 했다. 편의점에 가서 간식을 사주며 물었다.

"집은 어디야? 어떻게 여기까지 온 거야?"

"말할 수 없어요."

"그래……"

머뭇거리며 말하는 모습이 꽤 의기소침해 보였다. 나도 생각해보면 어릴 적에 누가 말을 걸면 대답을 잘하지 못한 것 같다. 그래서 그냥 기다렸다. 몇십 분의 정적이 흐른 다음에야 아이는 입을 열었다.

"저는 이제 돌아갈 곳이 없어요. 부모님이 돌아가셨거든요."

피로와 연민이 섞인 내 두 눈에 순식간에 물이 맺히기 시작했다. 나 또한 어릴 적에 부모님이 돌아가셨다. 정확하게는 다섯 살 때 어머니가 철없이 뛰어다닌 나를 감싸다가 교통사고를 당하셨고, 그로 인한 충격으로 아버지는 술을 가까이하게 됐다. 자신을 만나지 않았더라면 괜찮았을 거라며 자책하는 아버지의 모습을 보며 나는 생각했다.

'나는 태어나지 말았어야 했나.'

누구도 탓할 수 없기에 나를 탓할 수밖에 없었다. 나 때문에 어머니가 돌아가셨으니까. 아버지 또한 어머니 일로 알코올 중독자가 되셨으니까. 그게 모두 내 탓이었으니까. 아이를 보면서 나 또한 슬픔을 숨길 수 없었다. 그렇게 '나'의 시점에서 '아이'의 시점으로 옮겨갔다. 아이였던 내가 어른이 된 나를 바라봤다. 아이인 내 표정도 어두웠지만 어른이 된 내 표정은 더 어두웠다. 어릴 적에 모든 걸 잃은 나는 커서 무엇이 되길 바랐던 걸까. 자신의 존재를 부인했던 아이는 무엇에 기대 견딜 수 있었을까.

가족을 잃었다. 가장 가까운 사람을 잃고 나니 같은 상처를 받기가 두려워 어떤 관계든 거리를 두며 살아왔다. 내게 필요한 건 위로가 아니라 무감각해지는 것, 끔찍한 고통으로부터 덤덤해지는 것뿐이었다. 정신없이 달려왔다. 가슴에 뚫린 구멍, 그곳으로부터 끊임없이 새어 나가는 공허함을 메우기 위해 노력했다. 이제는 안다. 이게 근본적인 해결책이 되지 않는다는 것을. 방황하던 어린 나와 마주하지 않았기 때문에 괴로웠다. 늘 고통스러웠다.

의식이 흐려지면서 어떤 공간에서 빠져나오는 듯한 기분이 들었다.

어째서인지 허리가 아프고 눈이 침침했다.

'일하다가 잠들었구나. 그런데 벌써 눈이 침침할 나이가 됐나? 그건 아닌데……'

꿈이 너무나 생생했지만 갑자기 밀려오는 두통 때문에 생각할 겨를도 없이 퇴근 준비를 했다. 부랴부랴 빠른 걸음으로 엘리베이터를 탄 뒤 1층을 누르고 층수가 바뀌는 것을 물끄러미 바라보았다. 그러다 문득, 거울 속에 비친 내 얼굴을 보았다. 도저히 참을 수가 없었다. 아, 나는 언제부터 눈물을 흘려도 아무렇지 않은 사람이 됐을까. 아니, 아무렇지 않은 게 아니라 감정 장치가 고장 났다는 표현이 더 정확할 것이다. 고장 나버린 것 같은 스스로가 안쓰러워 눈물이 쏟아지는 바람에 엘리베이터에서 내릴 수가 없었다. 이대로 나가버리면 슬피 우는 어린 나를 두고 가버리는 것만 같아서 발걸음을 뗄 수가 없었다. 언제 울었는지도 기억나지 않지만 지금이 아니면 나는 또 일상에 휩쓸려 기계처럼 살아갈 것만 같아서, 그렇게 한동안 주저앉아서 그 자리에서 엉엉 울었다.

단절됐던 세상과
다시 연결되어라

이제 괜찮아,
어린 내게 전하는 말

과거에 의미를 부여하는 순간 다양한 감정이 일어난다. 예를 들면 과거에 내린 선택이 후회돼 우울해질 수도 있고 오히려 현재 삶을 헤쳐 나가는 동기가 마련될 수도 있다. 혹은 과거를 성찰해 미래를 그려보는 계기가 생길 수도 있다. 어떤 감정, 어떤 형태든 좋으니 기억에 의미를 부여하는 건 긍정적인 일이다.

스탠퍼드대학교 연구원들은 〈사이언스〉 최신호에 발표한 연구 논문에서, 인간이 어떤 사물을 볼 때 뇌의 전두엽 앞부분과 해마 피질 부분이 오래 자극을 받으면 그 기억을 쉽게 잊어버리지 않는다는 사실을 밝혔다. 즉 과학자들이 오랫동안 말해왔던 것처럼 기억이란 경험이 어떻게 각인되느냐에 따라 오래 기억할 수도 있고 쉽게 잊을 수도 있다는 것이다.

그렇기 때문에 지나간 괴로운 과거, 외로운 시절을 트라우마라 이름 붙게 된 것이 아닐까. 지나온 발자취를 있는 그대로 바라보거나 객관적으로 의미를 찾기란 쉽지 않다. 후퇴하거나 도망치고 싶을지도 모른다. 도피할 무언가를 찾아 방황하다 보면 결국에는 공허한 마음을 숨기지 못해 과거의 상처를 입 밖으로 꺼내게 된다. 벗들에게 고민을 털어놓거나 함께 술에 취해 오늘을 무사히 넘기려 애쓴다. 하지만 누구나 알고 있다. 열쇠는 내가 가지고 있다는 것을. 다른 세상으로 나가려면 나를 가로막고 있는 문을 직접 열어야 한다는 것을.

그렇다면 그 문을 열고 나간 사람들은 어떨까. 시련에 좀 더 익숙해졌을 뿐이지 어쩌면 문을 열지 못한 나와 큰 차이가 없을지도 모른다. 다만 과거에서 멈췄던 시간이 다시 움직이기 시작한 것, 기억에 생기를 불어넣어 부정적인 신호보다는 긍정적인 신호에 반응한다는 점이 다를 것이다. 이 작업을 재해석이라 한다. 나 또한 '지나간 것은 그것대로 의미가 있다'라고 생각하며 나의 과거를 회상해보았다. 재일 교포라는 운명이 주어진 것부터 생각해야 할지, 부모님의 사이가 갈라졌을 때부터 생각해야 할지, 한국에 와서 이방인 취급을 당했을 때부터 생각해야 할지, 최선을 다했지만 얻지 못했던 결과물들부터 생각해야 할지 혼란스러웠다. 다행히도 이 모든 것들이 이제는 희미한 기억의 조각일 뿐, 스스로를 자학할 만한 크기는 되지 못한다.

불과 얼마 전만 해도 과거의 일을 물고 늘어지며 2차, 3차 화살을 스스로에게 쏘아댔다. 나는 그저 작은 먼지와 같은 존재에 불과하고 살아갈 가치를 찾을 이유가 없다고 믿었다. 무의미한 시간들로 내면을 채워나간 결과는 실로 잔인했다. 성인이 되고 나서도 어른아이라는 수식어를 달 수밖에 없었다. 공허한 마음을 또 다른 경험으로 채울 순 없다. 오히려 그 텅 빈 마음을 스스로 마주할 수 있는 용기를 가질 때 비로소 다음 단계로 나아갈 수 있다. 항상 그래왔듯 극복의 전 단계는 수용이다. 받아들이는 순간 성장은 시작된다. 멈췄던 시계 초침들이 다시 째깍째깍 소리를 내며 오늘을 살아가고 내일을 살아가는 주체적인 내가 될 수 있게 만들어준다.

다섯 살의 나에게 돌아간다면 말해줄 것이다. 비록 내 삶의 비극이 이때부터 시작됐지만 그럼에도 좋은 사람들을 만나 상처를 치유하고 극복할 수 있었다고.

열두 살의 내게 돌아간다면 말해줄 것이다. 한국에서 남은 학창 시절의 절반 동안 말도 안 되는 사건들이 많았지만 그로 인해 지금의 내가 더욱 빛나는 사람이 될 수 있었다고. 그리고 지금 시행착

오를 통해 얻은 작은 점과도 같은 결과물들이 모두 이어져서 내 삶의 그래프가 완성될 것이라고.

계속 도망쳐도 다시 돌아오는 걸 잊지 말자. 그리고 돌아오면 놀란 나머지 미성숙한 대처로 상처 받았을 너와 나에게 사과하자. 이어서 화해하기 바란다. 너무나 힘들었지만 이제는 정말 괜찮다는 말을 건네면서 말이다.

단절됐던 세상과
다시 연결되어라

나의 자존감을
정의하다

"자신에 대한 존엄성이 타인들의 인정이나 칭찬에 의한 것이 아니라 자기 내부의 성숙된 사고와 가치에 의해 얻어지는 개인의 의식을 말한다." 포털 사이트에 검색하면 나오는 자존감에 대한 사전적의미다. 여기서 말하는, 외부가 아닌 내부에서 만들어지는 사고와 가치관에 의해 생기는 의식이 자존감이라면 굳이 높낮이를 따져 존재하지 않는 대상과 비교할 이유가 없지 않을까.

　인터넷에는 자존감에 관한 무분별하게 떠돌아다니는 글이 많다. 특히 SNS에는 자존감이 높은 사람과 낮은 사람의 특징을 언급하는 글도 많고 나를 규정하는 듯한 정보들 또한 무수하다. 전부 쓸모없다고 치부할 필요도 없고 일일이 신경을 쓰며 나를 점검해볼필요도 없다. 여기서 중요한 건 내 자존감을 어떻게 정의하고 규정

지을 것인가다. 나는 자존감을 개인의 의식이며, 성장하면서 만들어지는 가치관이라 정의한다. 내가 어떤 모습이든 무엇을 추구하고, 좋아하는 것과 싫어하는 것은 무엇이며, 어떻게 살아갈 것인가에 대한 물음을 멈추지 않는 사람이 자존감 높은 사람의 특징이다. 자존감을 평가하는 기준은 어디까지나 주관적인 경우가 많으며, 자기평가에 기반하기 때문에 높고 낮음에 대한 개념이 중요하지 않다. 자기평가로 결정되는 게 자존감의 높낮이라면, 자존감이 결국 기분에 따라서 왔다 갔다 하는 거라면 얼마나 허무한가. 그러므로 자존감이 낮은 사람과 높은 사람을 구분해야 한다면 꾸며낸 자신이 아니라 스스로 생각하기에 나답게 살고 있느냐, 아니냐의 여부가 아닐까.

자존감이 높은 사람이 되기 위해서는 주체적으로 판단하고 그 판단을 하나씩 행동으로 옮겨야 한다. 난 자존감을 다른 말로 '나다움'이라 말하겠다. 나답게 살아가는 것. 언뜻 추상적일지 몰라도 이보다 더 확실한 표현은 없다.

자존감이 높은 사람이란 '착한 지도교수'나 '부모의 손이 필요 없는 아이'처럼 세상에 존재하지 않는 신화 속 동물과 같다고 했던 교수님이 계셨다. 우스갯말처럼 들리겠지만 난 이 말을 접했을 때 크게 공감했다. 우리는 하루에도 기분이 수십 번 왔다 갔다 한다.

이 모든 기분을 하나하나 규정 짓고 원인을 분석하다 보면 정상적인 생활을 할 수 없다. 때로는 있는 그대로, 지나간 건 지나간 대로 흘려보내고 다가오는 것은 무심하게 맞이하는 것도 삶을 살아가는 지혜이자 처세라는 생각이 든다.

열등감의 순기능

내 할 일을 잘하다가도 문득 전해 들은 동창의 성공이, SNS에 올라온 타인의 여유가 부럽다고 생각한 경험은 누구나 있을 것이다. 우리가 다른 사람을 보며 부러워하는 이유는 무엇일까. 그 이유에 대해 곰곰이 생각해본 적이 있는가. 알고 보면 그 이유는 꽤 단순하다. 그 모습이 보이니 질투하는 마음이 드는 것뿐이다. 그건 다른 말로 표현하면 열등감이다. 나 역시 한창 인스타그램에 글을 연재하던 시절, 다른 유명 작가들과 나를 비교하며 '좋아요'라는 결과물에 일희일비했다. 지금 생각해보면 참 부끄러운 일이다. 비교의 늪에 빠져 목적지가 없는 코스를 홀로 직진했으니 말이다.

그렇다면 열등감은 우리 인생에서 사라져야 하는 존재일까. 그렇지는 않다. 개인심리학의 창시자인 알프레드 아들러는 "감정에는 저마다의 목적이 있고 우리는 그것을 선택할 수 있다"라고 했다. 아마 이 구절을 보면 어떤 사람은 짜증나서 책을 덮어버릴지도 모른다. 내가 많이 받는 질문 중 하나가 감정을 다스리는 방법인데 그 수요에서 알 수 있는 건 그만큼 사람들이 감정 때문에 고생하고 감정에서 벗어나지 못한다는 사실이다. 그럼에도 수많은 임상 시험과 몇 사람의 스토리 속에서는 관점의 전환을 통해 감정의 노예가 되지 않고 능동적인 주체가 되어서 살아가는 이들이 존재한다. 그들은 일종의 작은 '자유'를 터득한 셈이다.

자신을 어떤 프레임 속에 가둔다는 것은 그만큼 사고가 열려 있지 않고 자유롭지 못하다는 증거다. 법륜 스님은 모든 것을 끊임없이 비교하는 일로 괴롭다고 고백하는 이에게 교만해서 그렇다고 충고한 바 있다. 그러면서 이상적인 나와 현실의 나를 비교하지 말라고 덧붙였다. 감정도 그렇고 단어도 그렇고 저마다 쓰임새가 있고 역할이 있다. 내 생각에도 비교는 말 그대로 분석하는 것 자체에서 그쳐야지 그렇지 않으면 독이 된다. 비교의 목적은 공통점과 차이점을 알아내는 건데, 사실 이것은 디지털 미디어의 홍수 속에서 선택지가 많은 현대인에게 필요한 행위이기도 하다. 주인이 되려면 주체가 되어야 하고 주체가 되려면 알아야 한다. 모르면 끌려 다닐 수밖에 없다. 하다못해 관련 서적이라도 읽으면 주도적인 힘을

기를 수 있다.

　우스갯소리지만 좋아서 메모장에 적어둔 문장이 있다. '세상에서 가장 받아들이기 힘든 이별이 무엇인지 아느냐. 그건 바로 이유를 알 수 없는 이별이다.' 상실을 이겨내려면 가장 먼저 해야 할 게 받아들임인데, 수용하려면 알아야 한다. 모르면 받아들일 수조차 없기에 의문 속에서 헤매게 된다. 인간은 알 수 있는 만큼 대처할 수 있다. 적어도 조금이라도 상황이 나아지길 원한다면 바라보는 관점을 달리해볼 필요가 있다. 그래야만 주체적으로 변화를 선택할 수 있다. 할 수 있다는 믿음만 있으면 충분히 가능하다. 심리학에 열등감이라는 개념을 도입한 당사자인 아들러조차도 약한 육체탓에 열등감에 시달렸다. 후두염, 폐렴으로 병약한 어린 시절을 보내다 보니 그를 치료하던 의사도 부모에게 아들의 죽음을 준비하라 했다는데 그 충격이 얼마나 컸을까. 허약한 육체를 통해 죽음의 문턱까지 다가갔던 경험은 아이에게 열등감이라는 감정을 심었다. 그렇지만 아들러는 이 에너지를 극복 의지로 삼아서 의사가 됐다.

　"인간은 평생 동안 자신의 열등감을 극복하여 자기 자신에게 보상하는 방향으로 살아간다. 따라서 열등감은 보다 완전한 존재로 나아가게 하는 에너지로 작용한다." 아들러의 이 말로 보면 열등감은 더 나은 내가 될 수 있는 원동력인 셈이다. 열등감이 느껴진다면 그건 부족함을 채우기 위한 확실한 신호다. 거기서 얻어야 할 건 그 감정을 솔직하게 인정하고 수용하는 것이다. 변화는 그로부터 시작된다. 타인이 나보다 뛰어난 부분에 대해 자신을 나무라는 건 별 소득이 없다. 열등감은 잘하고 싶은 마음, 더 잘 살고 싶은 마음 때문에 생기는 감정이다. 비교를 통해 분석이 끝났으면 이제는 스스로에게 시선을 돌릴 차례다. 내가 가지고 있는 강점과 보완해야 할 부분, 그리고 내가 무엇을 원하는지 살펴보자. 자신의 성공을 위한 에너지로 쓰일 때 열등감이란 감정은 제 역할을 한다.

자존감을 높이는
구체적인 방법들

자존감을 지키는 일, 자존감을 키우는 일의 중요성은 다들 알고 있지만 자존감을 높일 수 있는 실제 방법에 관해서 고민하기란 쉽지 않다. 그래서 자존감 형성에 도움이 되는 가장 현실적인 방법 다섯 가지를 소개하려 한다.

첫 번째는 **글 쓰는 시간을 반드시 갖는 것이다.** 나의 훼손된 마음이 회복되기 시작한 것도 글을 쓰면서부터였다. 우울하면 인지 능력이 떨어지는데 그렇게 되면 감정 기복도 심해지고 무슨 일이 생겼을 때 그 일을 객관적으로 판단하기 어려워진다. 머릿속이 복잡하고 생각이 많을 때는 그것들을 적어보는 것만으로도 생각을 제대로 마주하고 상황을 정리할 수 있다. 문제를 두뇌로만 해결하기에는 어려움이 많다. 내가 내릴 수 있는 범위 안에서, 더 나은 선택을 위해서는 도구를 최대한 활용해야 한다. 나는 그 도구 중 가장 효과적인 것이 글쓰기라 생각한다. 슬픔을 애도하기 위해 글을 쓰고, 원하는 바를 이루기 위해 글을 써라. 다른 건 몰라도 글쓰기를 시작한다면 인생이 바뀐다고 자부할 수 있다. 글을 써서 당신만의 목소리를 내라. 그것만으로도 자신의 존재감을 확인하게 될 것이다.

두 번째는 스스로를 친절하게 대해주는 것이다. 나와 같은 시기에 직장을 다녔던 친한 친구가 있다. 그 친구가 어느 날부터 업무에 대한 회의감과 미래에 대한 불안에 시달리더니 안정적이지 않은 조건에서 더 이상 일을 지속하기가 어려울 것 같다며 퇴사를 결심했다. 그리고 공무원이 되겠다고 노량진에 가서 공부를 시작했다. 종종 연락하며 지냈지만 시험을 준비하는 과정은 역시 쉽지 않은 듯했다. 난 친구의 선택을 존중했고 지지했다. 그렇게 1년이 흐르고, 합격 발표 날짜가 지난 후에도 소식이 없었다. 소식이 없으니 눈치로 알 수 있었다. 원하는 결과가 나오지 않았다는 것을. 조심스레 연락을 해봤지만 며칠 동안 답변이 없다가 어느 날 얼굴을 보자며 답장이 왔다. 오랜만에 만난 친구는 애써 슬픔을 감추는 듯 보였다. 친구는 술을 마시며 이런저런 이야기를 늘어놓다가 결심한 듯 말을 꺼냈다. "나 열심히 준비했는데 잘 안 됐어." 친구는 사람들도 만나지 않고, 최소한의 생활비로 합격만 바라보며 견뎌왔던 지난 시간들이 자꾸 생각나 서럽다고 말했다. 만약 당신이 이 이야기를 들었다면 어떤 반응을 보여줄 것인가. 실제로 이 이야기를 들려주고 친구에게 어떤 말을 건넬지 질문하면 98퍼센트가 위로를 해준다고 한다.

이제부터가 본론이다. 그렇다면 방금 친구에게 벌어진 일이 나에게 일어난 일이라면 어떨까? 대부분 표정부터 어두워질 것이다. 아마 상상조차 하기 싫어서 페이지를 넘기거나 책을 덮을지도 모른다. 하지만 들어보라. 중요한 이야기다. 스스로를 자존감이 낮다고 생각하는 사람들은 자신을 함부로 대하는 경향이 있다. 그것은 겸손함이 아니라 스스로를 폄하하는 태도다. 왜 이런 모습이 보이는 걸까. 간단하다. 자신을 만만하게 생각하기 때문이다. 힘든 일이라도 친구에게 일어난 일이라면 우리는 대부분 위로를 하려고 노력한다. 그런데 내게 일어난 일이라고 하면 좀처럼 자책에서 벗어나지 못한다. 원래 남 일이 아니라 자신과 상관있는 일이면 충격이 큰 법이다. 이건 인간의 지극히 당연한 심리라 생각한다. 만약에 내가 나를 질책하고 깎아내리는 것에서 벗어나지 못하는 상태라면 나를 사랑하라는 말이 얼마나 우스울까. 그게 얼마나 어렵고 추상적인 느낌인지 나조차도 어렵게 느껴진다. 그런 당신에게 한 가지 제안을 하고자 한다. 스스로를 사랑까지는 아니더라도 존중은 해주자. 당신이 힘들어 하는 친구에게 위로의 말을 건네준 그 따뜻한 마음으로, 아니 그 반만큼이라도 나를 친절하게 대해주자.

연인에게 이벤트를 해주듯 내게 맛있는 식사, 선물 등 의미 있는 것들을 하자. 사랑하는 사람이 생기면 그 사람에게 자꾸만 무언가를 해주고 싶은 마음이 드는 것처럼, 나에게도 선물을 해주자. 편안한 바지와 늘어난 티셔츠도 좋지만 근사한 옷도 입어보고 사소한 일이라도 성취를 이룬 내게 의미 있는 무언가를 선물하자. 그렇게 하다 보면 무의식에는 스스로가 무언가를 받을 만한 가치가 있는 사람이라는 믿음이 생기기 시작한다. 자신에게는 야박하다는 것은 남에게는 잘해주면서 자신에게 그러지 못하는 사람의 특징이다. 더 늦기 전에 나에게 관심을 갖자. 무엇을 원하며 무엇을 받길 원하는지.

세 번째는 독서를 통해 문제를 해결하는 것이다. 물론 반드시 독서가 아니어도 괜찮다. 당신의 문제를 해결할 수 있는 정보를 담고 있다면 유튜브, SNS, 책, 전문가의 강의, 상담 등 뭐든 좋다. 자존감에 관한 문제는 일반화해서 해결법을 찾아내기 어렵다. 개개인마다 처한 환경이 다르고, 생각과 경험이 모두 다르기에 누군가에게 어떤 솔루션을 제시해도 "그 방법은 내게 맞지 않아요"라고 말하면서 자신의 사연을 구구절절 이야기할 확률이 높다. 그러나 문제가 있으면 이에 대한 답도 반드시 있다. 답이 없는 문제라면 문제 자체를 다시 정의 내리면 된다. 가령 인간관계에서 생기는 문제라 해보자. "사람은 고쳐 쓰는 게 아니다"라는 말이 유행처럼 떠돌아다니지만 이렇게 반문할 수도 있다. "사람을 고쳐 쓴다는 표현이 맞는 말인가? 애초에 인간은 고장 나지 않았을 뿐더러 불완전한 존재 아닌가." 책 속에서 보이는 정보, 메시지, 깨달음, 전문성을 단순히 픽션으로 여기지 마라. 그건 소설에서 찾으면 된다.

나의 고민거리가 '낮은 자존감'이라고 한다면 온라인 서점에서 키워드를 '자존감'으로 넣어 책을 검색해보라. 그때 검색되는 수십, 수백 권 중 자신에게 잘 맞을 듯하고 자신의 상황과 비슷한 이야기를 하는 책을 골라 읽어보라. 그리고 그 책에서 제시하는 방법을 실행하면 된다. 나의 자존감 점수가 10점 만점에 2점 정도일 때 그 책을 읽고 실행에 옮겨 단 1점이라도 올려 3점이 되면 좋은 일이다. 세상에는 위인부터 시작해서 세계적으로 유명하고 인정받은 전문가들이 쓴 책이 많다. 그 안에 정답이 없다는 건 어쩌면 말이 안 되는 일일지도 모른다. 물론 책을 읽는다고 당신의 문제가 반드시 해결된다고 보장할 수는 없다. 그러나 한 가지 확실한 건, 고민에 휩싸여 전전긍긍하면서 힘들어하는 것보다는 상황이 나아진다는 것이다. 꼭 책이 아니라도 좋다. 시간이 걸려도 괜찮으니, 문제가 발생하면 당신의 머리, 친구의 조언으로만 해결하려 하지 말고 전문가들의 도움을 받아보라. 이렇게라도 한다면 적어도 기분이 나아질지도 모르고 나아가 문제를 해결할 수 있는 실마리를 발견하게 될지도 모른다.

네 번째는 **롤모델을 찾아서 그 사람처럼 생각하고 행동하고 말해보는 것이다.** 사람들은 누군가가 쓰는 말과 행동, 언어를 닮고자 하는 모방 심리를 갖고 있다. 요즘에는 유튜브나 인스타그램, 페이스북 등 다양한 경로로 타인들의 생활방식이나 가치관을 접한다. 이러한 사회적 변화와 더불어 인간의 기본적인 모방 심리가 더해져 연예인이나 위인만큼이나 인플루언서들의 입지가 커지고 있다. 당신도 분명히 '이런 사람처럼 되고 싶다'라고 생각하는 대상이 있을 것이다. 그러니 되고 싶은 사람이 있다면 아예 그 사람을 철저하게 따라 해보라. 예를 들어 그게 비즈니스 성과라면 그 사람이 최고의 결과물을 내기까지의 과정을 하나씩 따라 해보는 것이다. 외모도 마찬가지다. 내가 정말 마음에 드는 사람의 외모나 스타일을 찾았다면 그것 역시 모방하자. 되고 싶은 사람을 따라 하다 보면 그 사람의 생각과 행동, 습관이 자연스레 나의 생활 루틴, 나의 생각으로 자리 잡게 된다. 그러면 어느 순간에는 따라 할 것도 없어진다. 왜냐하면 어느 시점부터는 당신의 이야기를 스스로 만들어가야 하기 때문이다. 혹은 따라 했는데 당신과 맞지 않는 부분, 좋지 않은 부분을 발견할 수도 있다. 그게 보이기 시작한다면 나다움이 점차 갖춰지는 것이라 여기면 된다. 오늘날의 애플을 존재하게 한 스티브 잡스 역시 모방으로 시작했다. 나라고, 당신이라고 그러지 말라는 법은 없다. 사업이 모방으로 시작되듯 나의 자존감을 키워나가는 것, 나다움을 찾아가는 것 역시 마찬가지다. 자존감을 높이고 싶은데 어떻게 해야 할지 막막하다면 따라 하는 것부터 시작하자. 안된다고 생각하지 말고 일단 해보자. 이후에 생겨나는 고민, 문제는 지금의 내가 아니라 성장한 내가 답해도 늦지 않는다.

다섯 번째 방법은 **언어를 긍정적으로 바꾸어보는 일이다.** 뻔한 말이라 생각하는가. 긍정적인 생각, 긍정적인 말을 하면 뭐가 달라지냐고 되물을 수도 있다. 지겹고 진부한 조언이라 여겨질지도 모른다. 충분히 이해한다. 그러나 이 관점을 비틀어 생각해보면 어떨까. '왜 그렇게 많은 사람들이 긍정적으로 생각하라고 하는 걸까?'라는 식으로 말이다. 심리학자 프로이트는 "인간에게 암시란 가장 간단하고 전형적인 조건반사다"라고 말했다. 말하자면 사람은 사실이나 명확한 근거로 움직이는 게 아니라 경험이나 주관으로 행동한다는 것이다. 그런 의미에서 한때 화제였던 『시크릿』이라는 책 이후에 나온 이지성 작가의 『꿈꾸는 다락방』의 공식 'R=VD Realization=Vivid Dream (생생하게 꿈꾸면 이루어진다)'는 틀리지 않았다고 생각한다. 나 역시 마찬가지로 얻고자 하는 것이 이미 이루어졌다고 생각하며 행동하는 사람이다. 심리학 용어 중에 '긍정적 존중'이라는 말이 있는데 심리상담사, 치료사가 도움이 필요한 내담자의 장점을 강조하는 기법이다. 단점이나 약점, 불행에 집중하기보다 밝은 면에 집중하도록 유도하는 것이다. 이 방법은 꼭 상담을 받지 않더라도 우리가 일상 속에서 쉽게 할 수 있는 일이다. 이 책을 읽는 당신이 정확히 무엇을 얻고자 하는지 나는 모른다. 하지만 분명히 기대하는 바가 있기 때문에, 밝은 면을 찾으려는 마음으로 책을 펼쳤을 것이다. 이제부터 장점에 조명을 비추어보라. 그것을 수용하고 믿어보라. 다른 사람에게는 몰라도 당신에게는 정답이 될 수 있다.

나의 특별한 스승

사람에게 영향을 미치기 가장 쉬운 존재는 역시 사람이다. 특히나 학창 시절에는 만나는 사람의 폭이 좁은 만큼 자신보다 연상인 선생님이라는 위치의 사람에게 많은 영향을 받는다. 선생님이 무심히 던진 말 한마디, 행동 하나로 완전히 다른 인생을 살기도 하고 그런 것이 평생토록 기억에 머물러 특정 순간마다 떠오르기도 한다. 나 역시 십 대 시절에 만난 선생님 중 나에게 큰 영향을 준 세 명의 선생님이 있다.

첫 번째 스승은 중학교 시절의 담임선생님이다. 그때 나는 공부를 정말 못했는데 그런 내게 선생님이 이렇게 말씀하셨다. "힘찬이는 수학이나 과학을 어려워하지만 국어 과목을 잘하니 나중에 언어를 다루는 일을 해도 되겠는걸." 그 선생님의 예언대로 나는 작가가 됐다.

두 번째 스승은 고등학교 때 만난 담임선생님인데 부반장을 맡은 내게 이런저런 심부름을 시켰다. 그러던 중 내가 말귀를 잘 알아듣지 못해 일을 잘못한 적이 있었다. 그러자 선생님은 사회에 나가면 어쩌려고 그러냐며 필요 이상으로 질책했다. 물론 생활기록부 역시 비슷한 뉘앙스로 부정적인 내용을 적어주었다. 고등학교를 다닐 때는 나름대로 열심히 살았는데 그 선생님의 사소한 말과 행동에 마음의 상처를 입었다. 하지만 성인이 된 후에 생각해보니 이 선생님이 내게 나쁜 영향만 미친 건 아니었다. 어떤 일을 둘러싸고 타인을 대하는 일에 관해 고민하게 해주었고 반면교사가 되었으니 말이다.

세 번째 스승은 고등학생 2학년 때 알게 된 보컬 트레이너 선생님이다. 당시에 나는 자존감이 낮았고 자신감도 없어서 늘 어깨가 축 처졌고 말도 어눌했다. 그런 와중에 하고 싶은 일을 찾았는데 그게 노래였다. 보컬 트레이너라는 꿈이 생겨 노래를 제대로 배우고 싶은 마음에 등교 전 새벽에 신문을 배달하며 보컬 학원비를 벌었다. 결과적으로는 노래가 아닌 글을 쓰게 됐지만 그때 선생님으로부터 들은 소중한 말과 당시에 얻은 경험은 아직까지 기억에 생생히 남아 있다. 하루는 선생님에게 꿈에 대해 질문한 적이 있다.

"선생님, 이건 수업과 관련이 없는 질문인데요. 꿈을 이루는 과정에서 연애는 방해 요소가 되지 않을까요?"라고 철없이 물어보는 내게 선생님은 "힘찬아, 절대 그렇지 않아. 인간이 꿈을 이루는 데 정말로 방해를 받는 것이 무엇인지 생각해봐. 자신의 의지나 나태한 생각들, 실천은 하지 않고 생각만 하며 보내는 시간들이 큰 방해 요소가 아닐까. 연애를 시간 낭비라고 생각하지 말고, 상대방을 사랑하고 아껴주는 과정에서, 사랑하는 사람과 행복한 관계를 맺는 과정에서 배워나가는 게 더 많다고 생각하면 어때? 단순히 돈을 많이 버는 것, 유명해지고 권력을 갖는 것만이 성공이 아니야. 누군가와 좋은 관계를 맺고 그런 관계 속에서 성장하는 자신을 만나는 것도 성공한 삶이지. 진짜 성공이 무엇인지 곰곰히 생각해봐"라는 말을 해주셨다. 연애가 꿈으로 향하는 길을 방해할 거라는 나의 단순한 생각이 깨지는 순간이었다.

　십 대 때는 가까이에 조언을 구할 만한 사람이 없었다. 정확하게는 내 마음의 문이 굳게 닫힌 탓에 좋은 이야기를 들을 생각조차 없었다. 보컬 트레이너 선생님과 대화를 주고받을 당시 나는 정서적으로 불안정한 상태였지만 처음으로 내 삶에 '꿈'과 '도전'이라는 키워드가 떠오른 때이기도 했다. 하지만 그런 생각을 다듬어 나갈 방법을 몰랐다. 그런 내게 선생님은 용기를 건네고, 가치관을 바로 잡아주었다. **소중한 사람과 보내는 시간이 무의미한 게 아니라 나**

태한 생각과 관념 속에 사는 일이 무의미하다는 사실을 알려주었고 막 싹을 틔우는 내 열망과 의지를 키울 수 있는 말씀을 많이 해주셨다. 그 말씀을 양분 삼아 나는 쑥쑥 자랐다.

신경언어 프로그래밍의 창시자 로버트 딜츠의 저서 『NLP로 신념체계 바꾸기』를 보면 개인의 로지컬 레벨에 관한 설명이 나온다. 예를 들어 시험을 잘 보지 못한 학생이 있다. 이 학생에게 교사는 세 가지 방식으로 말할 수 있다. 능력 레벨Capability level의 관점에서 말한다면 "너는 수학 시험을 잘 봤지만 국어는 부족하구나"라고 말할 수 있다. 그다음은 정체성 레벨Identity level인데 이 레벨은 "너는 정말 형편없구나", "너는 정말 문제가 있어"라는 식으로 말하는 것이다. 학생은 학습 면에서 부족함을 보였고 낙담한 것뿐이지 학생의 정체성이 잘못된 건 아닌데도 말이다. 앞서 내 경험에서 보였던 두 번째 예시가 여기 해당된다. 마지막 가치와 신념 레벨Value/Belief level에서는 "시험을 못 봐서 낙담했구나? 하지만 인생 전체를 놓고 봤을 때 시험은 중요하지 않아. 성적보다 중요한 건 배움이 아닐까?"라며 숫자보다는 배움, 결과보다는 과정이 중요하다는 얘기로 학생의 마음을 다독이는 방식이다. 교사의 이런 말 한마디는 학생의 가치관을 바꾸며, '배움의 중요성'에 대한 신념을 강화한다. 나의 세 번째 스승 역시 내게 꿈과 사랑에 대한 긍정적인 가치관, 신념을 더해주었다. 로버트 딜츠는 "내가 멍청하다고 믿는 것과 내가 특정

과목에서 실력이 탁월하지 않다고 믿는 건 다르다. 다른 예로 나는 역시 술 마시는 걸 통제할 능력이 없다고 말하는 것과 나는 알코올 의존자이고 앞으로도 계속 알코올 의존자일 것이라 말하는 사람의 차이는 엄청나다"라고 말했다.

이렇듯 내가 특정 분야를 못하는 것과 나의 소중함, 가치는 다른 이야기다. 만약에 어느 한 분야를 못해서 자존감이 떨어진다면 내가 잘할 수 있는, 또 내세울 수 있는 것을 발견해 강점으로 키우고 확신을 가지면 된다. 그러면 사회적 역할이 생길 것이고 그 일을 수행하는 과정 중에 성취감도 맛볼 수 있을 것이다. 또한 주변인이 내게 비난을 한다고 해도 그 말대로 된다는 법 역시 없다는 걸 알았으면 한다. 내가 멍청한 것과 수학을 못하는 건 전혀 다른 문제니 말이다. 뻔한 이야기처럼 들리겠지만 중학교 때 전교 280명 중에서 270등을 했던 나도 잘하는 걸 찾았는데 당신이라고 못할 게 뭐가 있겠는가.

끝으로 내가 좋아하는 쇼펜하우어의 말을 소개한다. "뜻밖에 아주 야비하고 어이없는 일을 당하더라도 괴로워하거나 짜증내지 마라. 지식이 하나 늘었다고 생각하라. 인간의 성격을 공부해가던 중에 고려해야 할 요소가 하나 나타난 것뿐이다. 우연히 아주 특이한 광물 표본을 손에 넣은 광물학자와 같은 태도를 취하라."

단절됐던 세상과
다시 연결되어라

프라이드는
스스로 지켜야 한다

작가 지망생 시절의 일이다. 책 출간을 위해 몇 군데 출판사에 제안 메일을 보냈다. 돌아오는 멘트는 제각각이었지만 결론은 같았다. "우리 출판사와 맞지 않는 원고다", "출간 방향에 적합하지 않다"라는 내용이었다. 아직은 때가 안 됐나 싶은 마음에 좌절감에 휩싸였다. 그러다 한 출판사에서 출간 의사를 밝혔다. 너무 기쁜 나머지 축제 분위기인 날들이 이어졌다, 그 전화가 걸려오기 전까지는. 편집 담당자와의 오 분간의 통화는 들뜬 기분을 가라앉히는 데 부족함이 없었다.

"작가님, 다름이 아니라 책에서 일본 이름은 빼는 게 어때요?"

이유는 간단했다. 일본에 대해 좋지 않게 생각하는 독자도 있으니 한국 이름만 넣자는 것이었다. 당황했지만 나는 재일 교포인 나의 정체성을 감추고 싶지 않았다. 일본 이름으로 살아온 시간은 나를 이루는 데 상당한 비중을 차지하기 때문이었다. 그러나 "그 제안은 받아들이기 힘들 것 같습니다"라고 바로 말하지 못했다. 통화 중엔 알겠다고 대답하고는 며칠을 고민한 후에 메일로 정중하게 거절했다. 어려운 출간 기회가 무산된 것이 몹시 아쉬워 그렇게까지 했어야 했나 싶었지만 지금 생각하면 잘했다는 생각이 든다.

어릴적 일본에서 살다 왔다는 이유로 쪽발이라 불리며 따돌림을 당했다. 순탄치 않은 초·중학교 시절이었지만 가장 후회하는 점은 하나다. 나를 악의적으로 비난했던 이들에게 고작 나는 일본 사람이 아니고 한국 사람이라고 해명했다는 것. 그때는 '한일 혼혈'에 대한 개념도 없어 소통을 시도할 생각조차 못 하고 그저 나를 지키는 데 급급했다. 만약에 내가 조금만 더 한국말이 유창했더라면, 조금만 더 용기가 있었더라면 달랐을까. 가면을 쓰며, 정체성을 숨기면서 전전긍긍하는 게 최선이었을까. 우리는 살면서 무엇이 정답인지 알 수 없이, 주어진 조건에서 결단해야 하는 상황을 겪는다. 선택하면 선택한 대로, 피하면 피하는 대로 아쉬움과 후회, 혹은 그 사이에 있는 남아 있는 미련 등 크고 작은 감정들이 복합적으로 공존한다. 물론 이미 지난 일이고 되돌릴 수도 없다. 이 글에서 말한 대로 나는 둔감했고 겁쟁이였다. 위로의 말을 건넨다면 그때는 어

단절됐던 세상과
다시 연결되어라

쩔 수 없지 않았느냐고 정당화할 수 있다. 그렇지만 아이러니하게도 손을 뻗어도 닿을 수 없는 과거는 내게 여전히 현재라는 선물을 건네주고 있다. 앞서 언급한 짧은 일화에서 나는 내 과거를, 늘 정체성을 부인하고 겁에 질려 있는 실패한 시간이라 생각했다. 적어도 원고를 정리할 때 메모장에 적어놓았던 내용들을 발견하기까지는 말이다. 메모장에는 내가 생각한 자존심의 정의가 적혀 있었다.

자존심

[명사] 자신의 존재 가치, 소유물, 행위에 대한 만족에서 오는 마음.

남에게 굽힘 없이 자신의 품위를 지켜주는 것 혹은 나를 존경하는 마음.

이에 더해 "나는 절대로 지지 않는다. 이기거나 배운다. 넬슨 만델라 대통령의 말처럼"이라는 말도 적혀 있었다. 언제 적었는지 전혀 기억 나지 않았다. 하루하루 이겨내기 위해 살아왔던 나의 모습은 바라보지 못하고 그저 우울한 내면에 집중하다 보니 스스로에게 실례를 범할 뻔했다. 잘했다거나 잘못했다는 문제가 아니다. 그저 내가 나의 프라이드를 지켜주지 못한 것이다. 가만히 생각해보니 우리가 오해하고 있는 단어에 대해 조사하다가 적어놓은 것

같기도 하다. 자존심이나 자존심 센 사람이라는 말을 들으면 어째서인지 부정적인 인식이 든다. 자신의 뜻을 굽히지 않는 완고한 사람일 거라며 색안경을 끼고 바라보게 된다. 정신분석학에서는 자존심이 사라지면 우울증 증세를 보인다는 주장이 있다. '아, 필사적으로 나를 지키기 위해 애써왔구나.' 자존심마저 무너지면 나는 아무것도 아닌 존재가 되어버릴 것 같았다. 복잡한 과거가 자꾸 떠오르는 것도 '나라는 사람은 이미 이런데 자존심마저 놓치면 안 된다고 신호를 보내는 것이구나.' 싶었다.

흑인 최초로 퓰리처상 소설 부문을 수상한 제임스 앨런 맥퍼슨의 『행동반경』이라는 소설에는 이런 대목이 나온다. "우리 아빠하고요, 뉴욕 브롱크스에 사는 큰형이 말했어요. '이 세상에서 무엇이든 갖기 위해서는 자화자찬하는 법을 배워야 한다'고요. '그건 왜지, 리언?' 선생님은 지겹다는 듯이 말했다. 그 작은 소년은 가슴을 앞으로 내밀면서 말했다. '왜냐하면 내가 자화자찬하지 않으면 아무도 나를 칭찬해주지 않으니까요.'"

자존심은 나만이 지킬 수 있다. 왜냐하면 자화자찬하지 않으면 아무도 나를 지켜주지 않기 때문이다. 물론 자존감을 높여주는 연인이나 친구가 있을지도 모르지만 그런 사람이 늘 있는 건 아니다. 인생 전반을 두고 봐도 나의 자존심을 지켜주는 사람은 그리 많지 않다.

자존심만 강하고 완고함까지 보이면 자만으로 변질될 수 있으니 늘 고려해야 할 건 균형 감각이다. 자존감을 챙기는 것도 중요하나 이것저것 신경 쓰느라 알게 모르게 자신의 품위를 낮춘 건 아닌지 한번쯤 생각해볼 일이다.

칭찬을 받아들이는
훌륭한 자세

2018년 1월, 스노우폭스 대표 김승호 회장님의 공개 강연에 초대 받은 적이 있다. 브런치에 작성했던 '사업가를 꿈꾸는 20대가 가져 야 할 성공습관'이라는 글을 인스타그램에 공유하고 회장님 계정 을 태그했더니 회장님이 그 글을 보고 댓글을 달아주었다.

"면대면으로 인터뷰하지 않고도 이렇게 글을 쓴 걸 보니 대단 하네요."

수많은 직원과 제자, 팬들과 소통하는 회장님은 아마 이때 남 겨주신 짧은 댓글을 기억하지 못할 것이다. 그러나 우러러보던 분 이 건넨 인정의 말 한마디는 아직까지 내 가슴속에 또렷이 새겨져 있다. 좋은 칭찬 한마디에 두 달은 살 수 있다는 마크 트웨인의 말 을 실감하던 당시의 나는 작디작은 존재였지만 지금은 칭찬 속에서 발견한 재능을 결과물로 만들어내 작은 기업의 대표가 됐다. 어쩌면 인간이 존재만으로도 칭찬받을 수 있는 때는 아주 어린 갓난 아기 시절 정도가 아닐까 싶다. 그 시절에는 뭘 해도 잘했다는 이야기를 들을 수 있고 장래에 대한 기대 또한 크게 받는다. 하지만 그 기간은 길지 않다. 서울 일부 지역에서는 자녀를 서너 살 때부터 사설 어린이집에 보내 명문 유치원에 입학하기 위한 사전 교육을 시작한다고 한다. 그 방법이 아이에게 좋은 영향을 줄 수 있을까. 가수 딘딘은 네 살 때부터 영어 조기교육을 받았는데 그때 받은 스트레스로 성장 장애를 겪었다고 고백했다.

이렇듯 어릴 때부터 부모로부터 과잉된 기대를 받으면 자신의 가치를 결과물로 증명하려고 애쓰게 되는 성향이 만들어질 가능성이 높다. 자신감 있고 밝은 성격을 지닌 사람도 사회적 위치나 환경이 바뀌면 타인에게 고민을 쉽게 털어놓지 못하고 남의 시선을 과하게 신경 쓰며 우울의 늪에 빠진다. 부모를 실망시켰다는 좌절감에서 헤어 나오지 못하면서도 티 내지 않고 쾌활하게 생활한다. 우울함조차 그대로 드러내지 못하고 감추기 위해 애쓰다 보니 마음의 번아웃이 일어나는 것이다. 〈경영 아카데미 저널〉의 연구 결과에 따르면 웃음을 위해서 미소를 짓는 사람들은 감정적으로 더 지친다고 한다. 또한 나이에 따른 사회적 지위에 대한 기대감이나 무언가를 강요하는 행위는 외적으로 무엇을 갖추지 못했다는 열등감을 유발하고 사람을 주눅 들게 만든다. 그러한 열등감은 자책과 자학의 습관으로 이어져 스스로를 부정하는 상태에 이르게 한다. 자기 자신을 인정하지 못하는 불행한 삶에서 벗어나기 힘들어지는 것이다. 다시 말해 **칭찬이란 자신의 강점으로 연결되고 지극히 현실적인 부분에서 자존감과 연관된다. 스스로의 특기와 재능을 발견하지 못하면 마음속에 가능성, 잠재력이라는 단어들이 솟아오르지 않는다.**

A씨와 상담할 때의 일이다. 상담하기 전에 간략한 질문을 통해 그가 도자기 강사라는 사실을 알게 됐다. 그는 도자기 빚기 체험, 파견, 방과후 수업 등 다양한 연령층을 만나고 가르치는 일을 계속해왔는데 최근 들어 보람을 느끼는 일이 사라졌다고 했다. 한 가지 일을 20년 넘게 꾸준히 해왔다는 사실이 놀라워 칭찬을 건네니 "아니에요"라고 겸손하게 대꾸했다. 하지만 그 반응이 칭찬에 으레 보이는 겸손한 예의가 아니라는 것을 상담을 하면서 깨달았다. 대화하는 내내 A씨는 자신의 업을 폄하하는 말을 계속했다. 그러면서도 일에 대한 자긍심은 있었다. 프라이드는 있었지만 자존감은 낮았다. 상담 시간이 끝나갈 때쯤 그 원인이 무엇인지 짐작할 수 있었다. A씨는 꿈과 현실 사이에서 방황하고 있었고 본인이 진정으로 하고 싶은 일이 따로 있었다. 그런 상태에서 일을 하다 보니 만족도가 떨어질 수

밖에 없었고 그게 알게 모르게 현재 일을 폄하하는 습관으로 굳어진 것이었다.

사용하는 단어를 보면 그 사람의 마음 상태를 알 수 있다. 속이 복잡한지, 우울한지, 기쁜지, 벅차오르는지, 무덤덤한지 솔직하게 드러난다. 자세히 바라보면 알아차릴 수 있다는 것을 믿고 내 마음 상태가 이상하다 느껴지면 한번쯤은 살펴보자. 내 마음이 뭐라고 말을 건네는지. 그 신호가 잡히면 외부든 내부든 그것들을 있는 그대로 받아들이도록 하자. 비판을 받아들이는 자세도 중요하지만 동시에 칭찬이나 인정 역시 겸허히 받아들였으면 좋겠다.

사소한 칭찬,
작은 성취

2018년의 내 일상은 치열함에 가까웠다. 한 치 앞도 내다볼 수 없었지만 손가락 끝에 의지를 담아 워드 파일의 여백을 채워갔다. 매일 열 시간 넘게 일하면서 잡히지 않는 성공의 실마리를 손에 쥐기 위해 고군분투했다. 하루하루를 버텨냈다고 표현하는 게 맞겠다. 그렇다. 현실의 무게에 눌리지 않기 위해 다리에 힘을 주고 매일의 시간을 버텼다. 끝없이 놓여 있는 계단을 올라가야 했지만 머문 자리를 지키는 것도 버거웠다. 이때 나온 책이 『오늘은 이만 좀 쉴게요』다. 지금 생각해보면 여유가 조금도 없는 생활이었는데 왜 책제목을 그렇게 지었을까 싶다. 어쩌면 스스로에게 가장 하고 싶었던 솔직한 속마음이 아니었나 짐작해본다.

LG전자 최연소 여성 상무, 두산그룹 브랜드 총괄 전무, 현대자동차 최초의 여성 상무 등 우리나라 굴지의 대기업 최고 마케팅 책임자로 활약한 CMO 캠퍼스 최명화 대표는 어느 인터뷰에서 다음과 같이 말했다.

"내가 원하는 것을 얻는다는 건 굉장히 긴 게임입니다. 우리는 그 과정에서 꾸짖음이나 비난을 듣는 것에 무방비로 노출되어 있습니다. 그런데 인간은 모든 걸 받아들이고 이해할 만큼 강한 존재는 아니거든요. 그래서 본인의 장점을 쓰는 자뻑 일기를 꼭 쓰기를 바라요. 나는 지금 뭘 얼마나 잘하고 있는지, 어디가 예쁜지 써보기 바랍니다. 나랑 하는 얘기니까 부끄러워 하지 말고 낯 뜨겁게 자신을 매일매일 칭찬하세요. 그렇게 자신을 보호하고 감싸야 인생이라는 긴 게임을 이겨낼 수 있습니다."

우리의 하루는 기대가 넘치다가도 예상치 못한 장애물에 걸려 힘겹게 넘어간다. 거기서 얻는 아쉬움, 쓰디쓴 피드백은 자극을 주는 것 같지만 그것이 습관으로 자리 잡으면 자신에게 여유를 허락하지 못하게 된다. 예를 들어 '오늘 하루는 이만하면 됐어'라면서 만족할 줄 모르고 '이정도로는 부족해. 더 해야 해'라고만 생각하면 여유가 머물 곳이 사라진다. 누구는 그런 적당함은 있는 사람에게나 해당하는 것 아니냐고 말하지만 경제적으로 부족함이 없는데도 끊임없이 움직여야만 직성이 풀리는 사람이 존재한다. 한편으로는 큰 성공 없이 평범하게 지내는 것 같아도 자신의 확고한 라이프 스타일과 규칙, 그 안에 틈틈이 여유를 챙기는 사람은 삶의 만족도가 매우 높다. 삶의 여유는 자신과의 대화, 긍정에서 나온다. 긍정적으로 생각하라는 말은 단순히 힘든 일이 있어도 낙관적으로 사고하며 낙천적인 태도를 고수하라는 얘기가 아니다. **진정한 긍정은 있는 것을 그대로 받아들이며 옳다고 믿는 것, 더 나아가서 좋게 평가할 줄 아는 걸 뜻한다. 한마디로 비관적으로 생각할 일 속에서도 특정한 관점을 발견하는 것이다. 생각이 바뀌는 순간에 긍정은 시작된다.**

이처럼 긍정의 의미를 알고 나서는 매일 생각한다. 좋지 않은 일, 어려운 일, 고민거리만큼이나 내가 잘한 일이나 칭찬받을 만한 일, 본받을 만한 일이 무엇인지. 앞서 최명화 대표가 '자뻑 일기'를 쓰라고 한 것처럼 내 예쁜 점을 발견하려 애쓴다. 그리고 칭찬의 말을 들으면 겸허히 받아들이고 감사하다는 말로 답례한다. 아주 사소해 보일지 모르지만 세상에 모든 거대한 것들은 모두 작게 시작되었다. 자존감의 높이 또한 작은 성취들이 모여서 만든다.

에필로그

개인적으로 존경하는 동생이 내게 이런 말을 했다. 나처럼 책을 내게 된다면 훌륭한 비문학가가 되고 싶다고. 그 말을 듣고 나는 적지 않게 놀랐다. 수많은 문학가는 있어도 자신을 '비문학가'라고 당당하게 소개하는 사람은 없기 때문이었다. 게다가 나는 예술가, 문학가만 꿈꾸었지 비문학가가 되겠다고 생각한 적이 없었다.

당시 글쓰기에 흥미가 떨어진 채로 꽤 긴 시간을 보내는 중이었는데 후배의 말을 듣고 글쓰기가 다시 즐거워졌다. 이제 누군가에게 보이기 위한 글쓰기가 아니라, 어떤 목적이나 타이틀에서 벗어나 내가 진정으로 살아 있음을 느끼게 하는 글을 쓸 수 있을 듯했다.

문득 글을 쓰기 시작했을 때가 떠올랐다. 그때 내게는 큰 목표가 있었다. 처음 작가가 되기로 마음먹었을 때의 순수했던 다짐이었다. 세상을 바꾸는 사람이 되고 싶다는 것. 마음속에 비로소 하나의 불빛이 들어오기 시작했다. 비록 방 청소도 제대로 하지 않는 사람인데다 가지고 있는 거라고는 학자금 대출금뿐이었지만 그때의 그 다짐이 오늘날 이 자리에 올 수 있게끔 만든 원동력이 됐다.

그렇게 순수한 목적으로 작가가 되기로 마음먹었지만 본격적으로 글을 쓰고 돈을 벌기 시작하면서 여러 상황과 끊임없이 타협했고 어쩔 수 없는 일 앞에서는 스스로를 합리화했다. '이런 글은 사람들이 좋아하지 않으니까', '진짜 작가가 되려면 한참 멀었지', '문학가가 아니면 작가는 예술가라고 말할 수 없어', '글쓰기로 먹고살기 위해서 어쩔 수 없지'라는 말들은 내 안의 순수했던 나를 밀어내고 다른 모습의 나를 만들어갔다.

잊고 싶지 않았던 정체성이 점점 작아져 찾기 어려울 정도가 돼서야 무언가 잘못됐음을 깨닫고 아등바등 매달리기 시작했다. 하지만 알고 있었다. 방향을 잃은 열정은 의미가 없다는 사실을. 나는 얼마 가지 않아 번아웃되고 말았고 글을 왜 써야 하는지 의문에 휩싸이기까지 했다. '돈을 위해 글을 쓰는 것이 아니라면 나는 왜 글을 쓰려 하는가'라는 물음에 대한 답은 내 안에서 영영 찾지 못할 것 같았다.

그때 내 정체성을 재정립해준 단어가 바로 후배에게 들은 '비문학가'였다. 이 말은 문학이라는 이상을 추구했던 내가 지금 쓰고 있는 글은 어쩌면 아무 의미가 없을지도 모른다는 무기력감을 이겨내게 해주었다. 그렇다고 해서 훌륭한 비문학가가 되고 싶다고 말하는 것은 아니다. 단지 예술의 끝이 있다면 그게 무엇인지 궁금해졌을 뿐. 굳이 정의를 내리자면 예술에 대해 호기심이 발동했다는 정도로 말할 수 있겠다.

무언가를 성취하고 이루는 것은 가장 행복한 순간 중 하나지만 다른 관점에서는 그 무언가를 얻는 순간 행복은 사라진다고 볼 수도 있다. 적어도 지금은 그렇기에 내 삶의 이유가 될 만한 것에 섣부른 정의는 내리지 않기로 마음먹었다. 무언가를 정의한다는 것은 위기이자 기회다. 나라는 사람을 어떻게 생각하는가, 어떤 방식으로 믿을 것인가를 정하고 나면 사람은 그 믿음대로 살아가게 된다. 좋든 나쁘든 사람은 자신이 믿는 방향으로 나아가기 때문이다.

나답게 산다는 것, 이는 다른 말로 이야기하면 자신의 정체성을 인지하는 것과 같다.

나는 어떤 사람인가.
무엇을 원하는가.
누구를 사랑하는가.
무슨 일을 하는가.
왜 살아가는가.

누군가에게 다소 불편할 수 있는 질문이 누군가에게는 간절히 필요한 물음표가 될 수 있다. 『나는 나답게 살기로 했다』를 쓰기 전에는 이 책으로 나의 경험과 전문적인 지식 혹은 그게 아니더라도 읽는 이에게 도움이 될 만한 내용을 전달하려 했는데 다 쓰고 나니 결국 나라는 사람에 대한 사색으로 돌아오게 되었음을 알게 됐다.

글이라는 건 참 신기하다. 누군가에게 영향을 주고 싶어 쓴 글이 오히려 스스로에게 큰 영향을 주고 변화를 불러올 수도 있으니 말이다. 그런 점에서 『나는 나답게 살기로 했다』는 내게 긍정적인 영향력을 준 고마운 책이다.

이제 여러분이 답할 차례다. 자신에 대한 발견이면 그 무엇이든 괜찮다. 정말 사소하고 작은 것이어도 좋다. 스스로를 위해 글을 적어보라. 생각을 글로 옮기는 순간, 어쩌면 내 안에 숨어있는 보화를 발견하게 될지도 모른다.

참고 문헌

- 린다 개스크,『당신의 특별한 우울』, 홍한결, 월북, 2020.

- 사사키 후미오,『나는 단순하게 살기로 했다』, 김윤경, 비즈니스북스, 2015.

- 앨릭스 코브,『우울할 땐 뇌 과학』, 정지인, 심심, 2018.

- 앤디 퍼디컴,『당신의 삶에 명상이 필요할 때』, 안진환, 스노우폭스북스, 2020.

- 대니얼 J. 레비틴,『정리하는 뇌』, 김성훈, 와이즈베리, 2015.

- 플로렌스 윌리엄스,『자연이 마음을 살린다』, 문희경, 더퀘스트, 2018.

- 단 카스터,『정신력의 기적』, 진웅기, 문예출판사, 2003.

- 도로시 리즈,『질문의 7가지 힘』, 노혜숙, 더난출판사, 2016.

- 팀 페리스,『타이탄의 도구들』, 박선령·정지현, 토네이도, 2017.

- 롤랑 바르트, 『애도 일기』, 김진영, 걷는나무, 2018.

- 이지성, 『꿈꾸는 다락방』, 차이정원, 2017.

- 로버츠 딜츠, 『NLP로 신념체계 바꾸기』, 권병희, 학지사, 2019.

- 제이스 앨런 맥퍼슨, 『행동반경』, 장현동, 마음산책, 2013.

- 주디스 루이스 허먼, 『트라우마 ― 가정폭력에서 정치적 테러까지』, 최현정, 열린책들, 2012.

- 마틴 셀리그만, 『마틴 셀리그만의 긍정 심리학』, 김인자·우문식, 물푸레, 2014.

- 크리스텔 프티콜랭, 『잃어버린 감정을 찾아서』, 번역공동체 계절, 현자의 숲, 2017.

- 이동운, 『코칭의 정석』, 뷰티플휴먼, 2014.

- 게리 R. 콜린스, 『게리 콜린스의 코칭 바이블』, 양형주·이규창, IVP, 2014.

- 존 H. 하비, 『슬픈 말을 전하다: 상실과 트라우마에 관한 관점Give sorrow Words : Perspectives on Loss and Trauma』, 테일러 앤드 프란시스, 2000.

나는 나답게 살기로 했다

초판 1쇄 발행 2021년 2월 8일
초판 52쇄 발행 2023년 12월 12일

지은이 손힘찬(오가타 마리토)

편집인 이기웅
책임편집 주소림
편집 안희주, 양수인, 김혜영, 한의진, 오윤나, 이원지, 이현지
디자인 MALLYBOOK 최윤선, 오미인, 조여름
책임마케팅 김서연, 김예진, 김지원, 박시온, 류지현, 김찬빈, 김소희, 배성원
마케팅 유인철
경영지원 박혜정, 최성민, 박상박
제작 제이오

펴낸이 유귀선
펴낸곳 ㈜바이포엠 스튜디오
출판등록 제2020-000145호(2020년 6월 10일)
주소 서울시 강남구 테헤란로 332, 에이치제이타워 20층
이메일 odr@studioodr.com

ISBN 979-11-91043-15-0 (03180)

스튜디오오드리는 ㈜바이포엠 스튜디오의 출판브랜드입니다.